鈴木康広 監修
心理療法ケース研究会
鈴木康広
戸塚悌子
武石　惇
光川利恵

Healing with Sand / Power of Expressing Images

Sandplay Therapy for Trauma, Developmental Disability, ADHD

砂の癒し・イメージ表現の力

トラウマ, 発達障害, ADHDをもつクライエントとの箱庭療法

ナカニシヤ出版

第1章　図版

図1　p.3

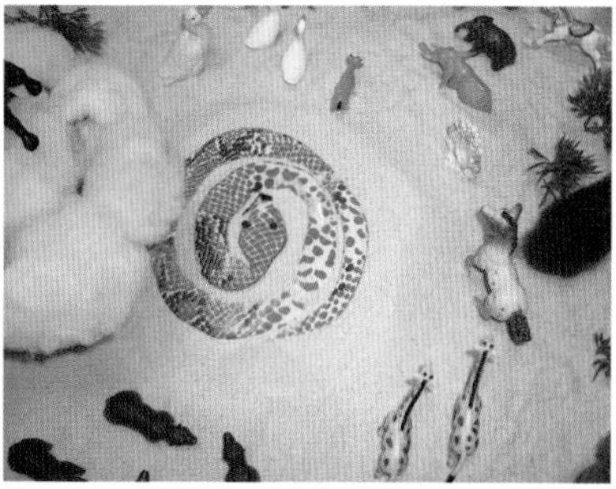

図1’　p.3　桜の木のそばの埋められたヘビ(クライエント退出後著者が象をどかしての撮影)

図2　p.4

図3　p.4

図4　p.5

図5　p.5

図6　p.6

図7　p.6

図8　p.7

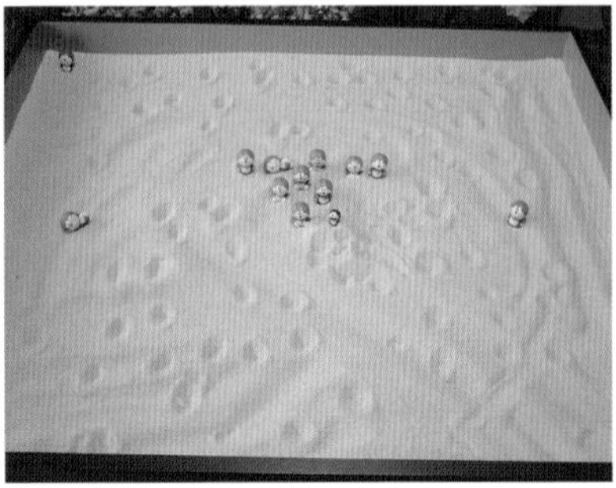

図9　p.8

図10　p.8

図11　p.9

図 12　p.10

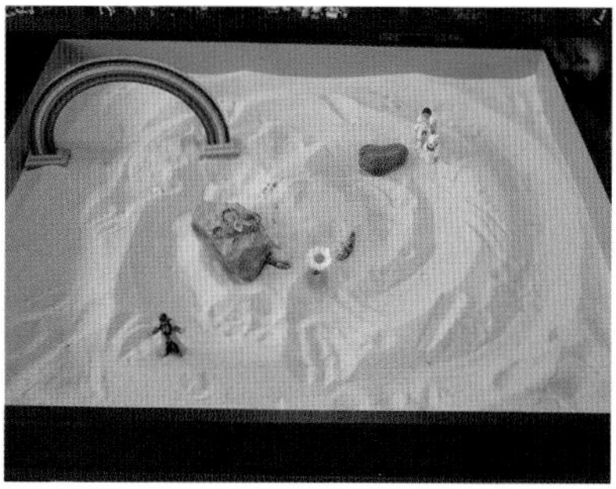

図 12'　p.10

第 2 章　図版

図 1　p.22

図 2　p.26

図 3　p.26

第3章　図版

図1　p.62　風景構成法

図2　p.62　戦い

図3　p.63　インディアンと兵隊の闘い

図4　p.65　的を撃つ健二

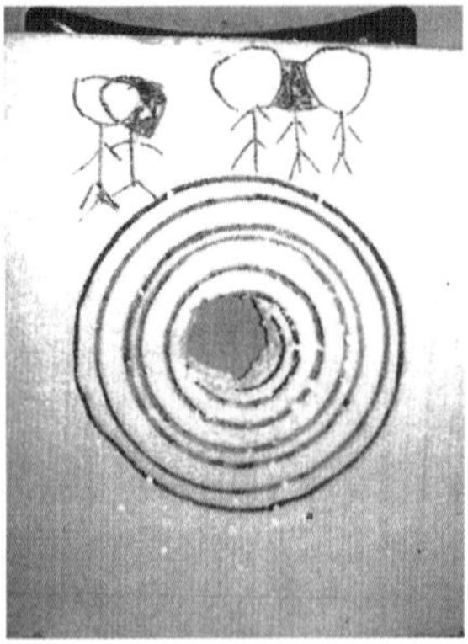

図5　p.65　穴の開いた的

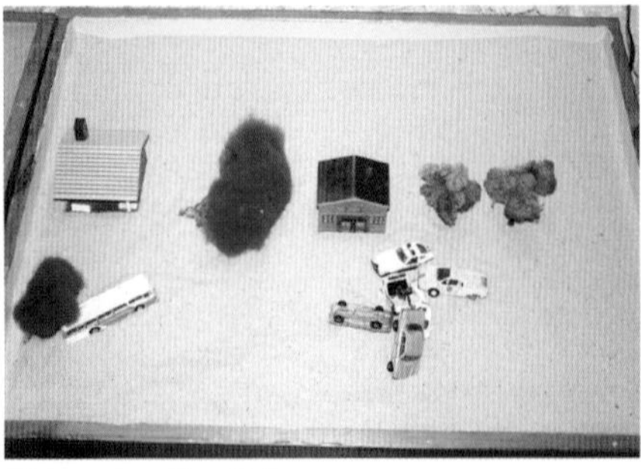

図6　p.65　車の衝突

図 7　p.67　迷路

図 8　p.67　疲れてぼろぼろになった街

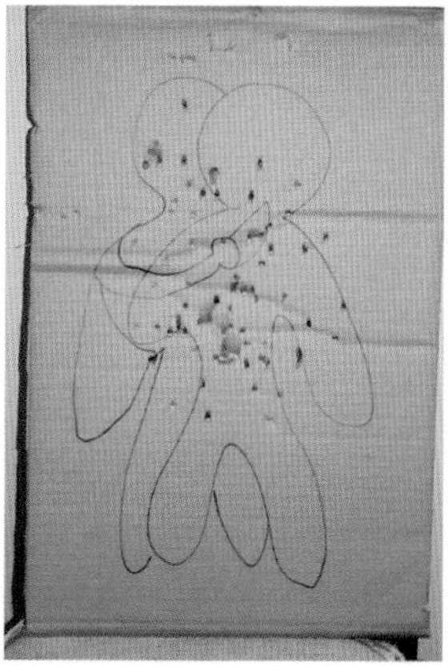

図 9　p.68　人型の標的と銃弾の跡。後ろの人形はナイフを前の人型につきつけている。すさまじい攻撃性が安全なセラピー環境の中で表現された。

図 10　p.68　互角の戦い

図 11　p.69　破壊される街

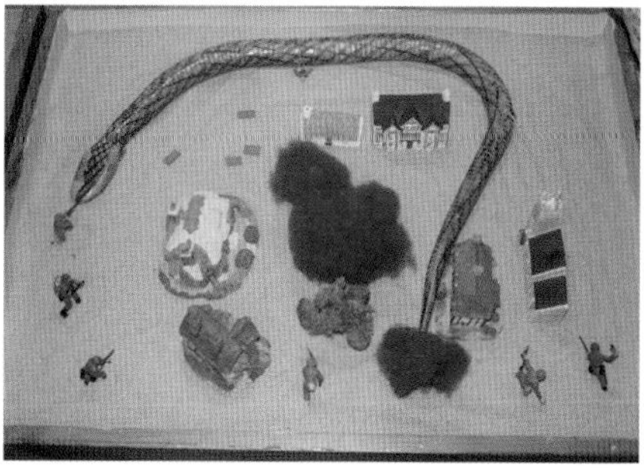

図 12　p.70　町を襲う巨大な蛇

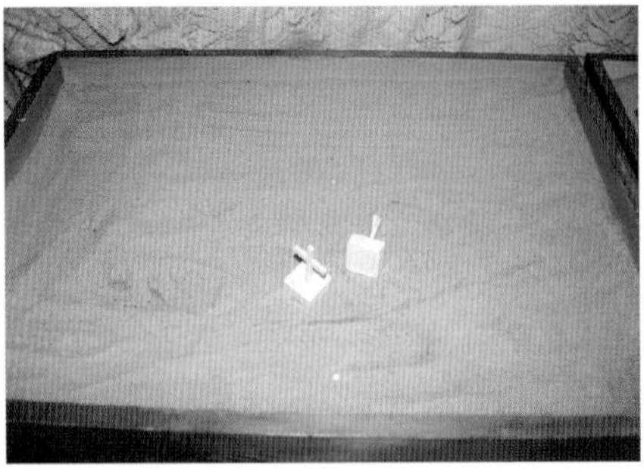

図 13　p.71　２つの十字架の墓

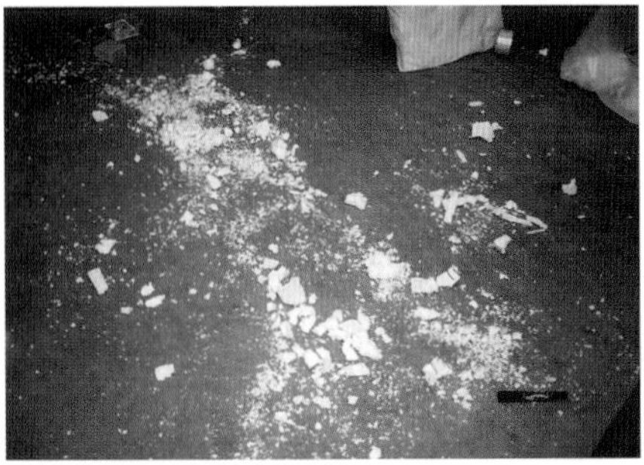

図 14　p.72　「破壊」床に散らばる発泡スチロールの破片

図 15　p.73　建設が始まる兆し

図 16　p.74　車の衝突

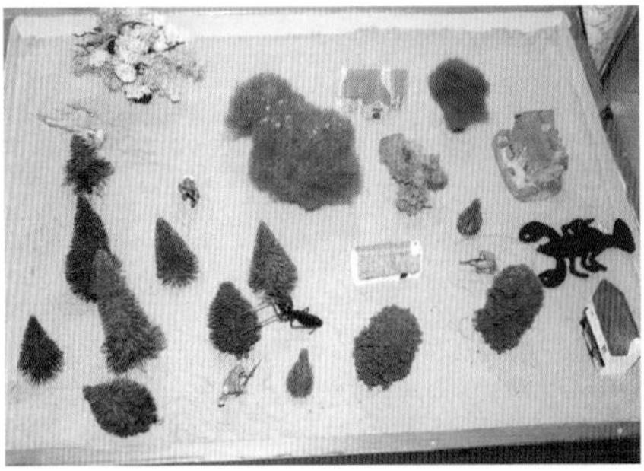

図 17　p.75　巨大なカマキリと大赤エビ

図 18　p.76　火事の現場検証

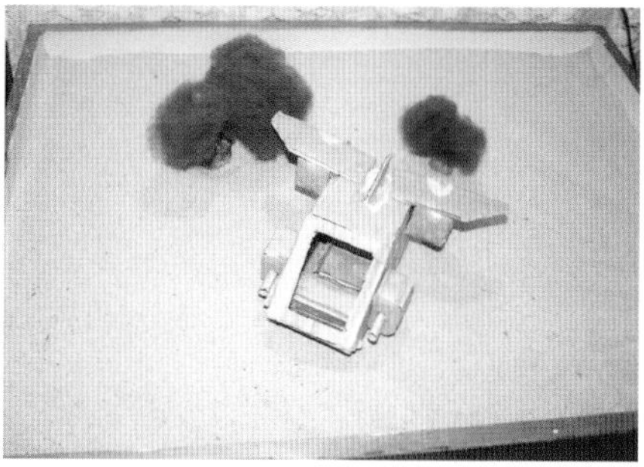

図 19　p.76　作品戦闘機

図 20　p.77　背後のカマキリと大アンコウ

図 21　p.77　兵士たちが男を撃ち殺す

図 22　p.78　家を破壊する黒い車

図 23　p.79　悪い兵士たちが市民を脅している

図 24　p.79　兵士が隣のおじさんの乗った車を襲っている

図25　p.80　兵士の対決

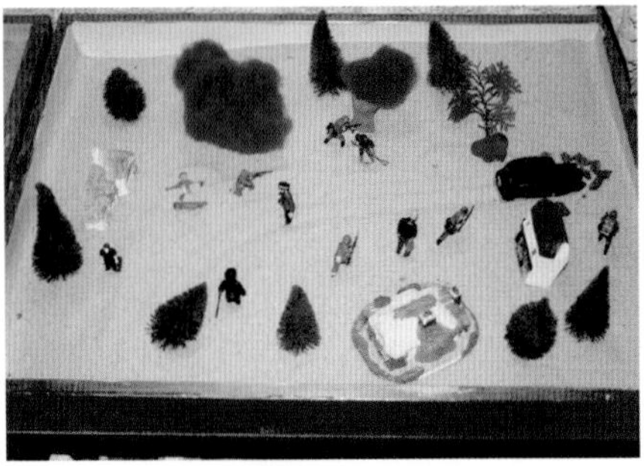

図26　p.81　兵士を撥ね走り去る犯人の車

図27　p.84　大ワニに対峙する兵士たち

図28　p.84　写真「氷の花」

図29　p.85　崩壊した建物を片付ける

図30　p.85　サバイバルゲーム

図 31　p.86　田舎町の事故

図 32　p.87　宅地開発，キャタピラー・ロー

図 33　p.88　対向車とぶつかりそう

図 34　p.89　兵士のサバイバルゲーム

図 35　p.91　サボテンンの鉢

図 36　p.92　3 つの家・サボテン鉢・カエル

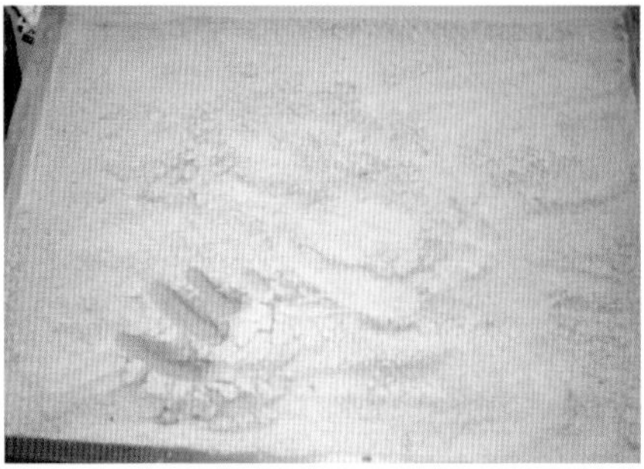

図 37　p.93　健二の右手の跡

図 38　p.93　横転した車

図 39　p.93　サボテン鉢作り

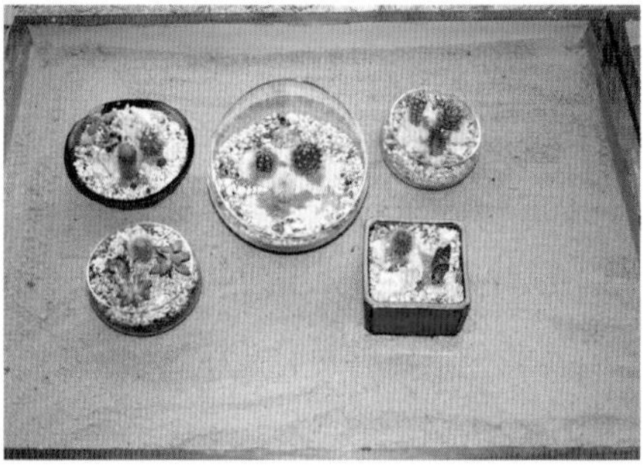

図 40　p.94　サボテン鉢５つ

図 41　p.95　サボテン鉢８つ

図1　p.106　箱庭1　全体

図1　部分　右下の木をどけて撮影

図2　p.107　箱庭2　全体

図2　部分　中央から左を撮影

図2　部分　中央

図2　部分　左上　城をどけて撮影

図3　p.108　箱庭3　全体

図4　p.108　箱庭4　全体

図5　p.109　箱庭5　全体

図5　部分　蓮の花

出版によせて

この心理療法の事例集は1997年に心理臨床家のために発足した「心理療法ケース研究会」の成果のひとつです。臨床心理士をメインメンバーとし，連携関係にあるメンタルヘルス関係の他職種の方々（精神科医・小児科医・情緒障害児学級の先生・養護教諭・心理学関係の教員，心理学を学ぶ大学院生等）にもご参加いただき，一方通行のレクチャー形式ではなく，少人数で活発な意見交換のできる会をめざしました。自分とは異なる現場の臨床例や考え方に触れ，自分の感性でとらえ自分の頭で考え，意見を交換することで臨床家は発達していきます。

心理臨床が人々の苦しみや悲しみに寄り添い，それらを癒すために役立つ，地に足の着いた発展を遂げるためにはどうしたらよいのかという，長年の私の中の疑問に対し，答えをくれたのは頭で学ぶ理論や技法そのものではなく，英国ロンドンの地で体験したトレーニングでした。サンドプレイ（日本では「箱庭療法」と呼ばれ発展しています）のトレーニングで最も基礎的なこととして重視されるのは，パーソナル・プロセスと呼ばれるサンドプレイを用いた教育分析と自分の受け持ったケースに対する有資格者からのスーパービジョンです。資格を得るためには理論的な講義を受けたり，論文を書いたり，ケース発表なども必要ですが，実際に開業して行う仕事はクライエントさんとワークすることが主となるので，教育分析は必須というのが西欧の常識です。

残念なことに，日本ではその重要性は認識されているにもかかわらず，日本的な諸事情から教育分析を必須とするトレーニングが十分制度化されているとはいえません。英国滞在は私自身の人生の大きな転機ともなったので，残る人生は中堅心理専門家のトレーニングのために貢献できればと考えました。帰国当時，私には不釣り合いな様々な光栄な仕事のオファーが舞い込んで来ましたが，私の決心は変わりませんでした。クライエントさんとの心理臨床と心理の中堅専門家のトレーニング（パーソナル・プロセスとケース・スーパービジョン）を二本の柱とし，その成果を「心理療法ケース研究会」や学会で発表させていただくことにしました。

教育分析（パーソナル・プロセス）を受ける過程でそれまでの「自分」とはまったく異質な「自己」が現れてきます。夢，イメージ，サンドプレイなどの媒体を経て，自分の知らない自分，知りたくない自分の姿も現われてきます。そうした未知の自分

（無意識）を既知の自分（意識）と統合できた時，心理療法家はクライエントさんと充分に働ける力を身につけることができることを実感しました。このプロセスは一人で行うことは不可能であり，時には危険です。分析家（トレイナー）に守られる安心と信頼の中で，心のプロセスが展開されていきます。自分の知らない無意識の中にあった自分の発見と既知の自分との統合が，本来教育分析のめざすところです。そうして得た新たな自分とクライエントさんとの出会いと関係性の中から生まれたケースについて，了解をいただいたうえで発表し，相互に研鑽し合うことで，この「心理療法ケース研究会」は続いてきました。

これまで研究会として外部に印刷物として発表したことはありませんが，20周年を一つの区切りとして今までを振り返り心理臨床家として育った多くの専門家の中から二人の若手の心理臨床家が日々勤しんでおられる現場からのケースを報告していただけることは大きな喜びです。

それに加え，ユング派分析家として最も多くこの会に足を運んでいただき，また困難ケースのコメンテイターとして教育してくださった鈴木康広先生の自験例のケースと，私自身のケースを取り上げ，皆さんの賛同と協力のもとに事例集を発行する運びとなりました。世の一隅を照らす小さな灯のようなささやかな活動ではありますが，多少なりとも日本の心理臨床界の発展の一助となることができれば幸いです。

鈴木康広先生は内科医・精神科医として長い勤務の後，スイスでユング派分析家資格を取得された方です。ユング派の分析は通常「夢」を媒介に行われますが，ご自分の「描画とサンドプレイ」を主たる媒介として分析を受けられました。その成果は近著『個性化プロセスとユング派教育分析の実際』（遠見書房 2018）に実っています。普段は物静かで礼儀正しい方です。しかし，ケース研究に当たっては本質にズバリと迫る驚くべき明解な洞察力をお持ちの方です。ご自身の受けられた教育分析の中に表現される激しいハラハラするような展開や怒りなどの情動や潜在するエネルギーに圧倒されます。こういう過程を経験されたからこそ，日本女性の抑圧された奥深い苦悩をも処遇できる数少ないセラピストのお一人になられたのだと納得できます。現在は大学教授職と「プラクシス鈴木」でクライエントさんの心理療法と心理専門家の教育分析などをしていらっしゃいます。

人それぞれで，セラピー能力が非常に高いのに，そのプロセスを言語化することに困難を感じる臨床家も存在します。現場のお役には立てているし，周辺からの評価も高いのですからそれでよいとも思うのですが，それぞれに得意，不得意があるとしてもそれを意識化して他の専門家と共有するなど，全体のバランスがとれるように生きられると，長い人生も生きやすくなると思います。

心理臨床に携わる専門家集団（学会と職能団体）は近年二つの方向に発展しつつあ

ります。浅く広く現実社会のニーズにコミットし，社会の中に心理職を増やしていこうとする方向と，深層心理を安全に処遇できるための教育分析（サンドプレイではパーソナル・プロセス）を着実に積み重ねようとする方向とです。そのどちらも必要でしょう。後者は地下茎のように深く静かに浸透しつつあります。50年，100年という視野を持ってその芽吹きと成長を見守りたいものです。

読者の方は，一つ一つのケースにこめられている内容から，ご自分のこころの断片やトラウマを見出し，こころの分断が統合されていくのを見て，深くこころを動かされ，癒されていくことを感じていただければ嬉しく思います。そして，世の片隅で人知れぬ修練と努力を重ねながら（これはどのような職業であってもプロと呼ばれるようになるには同じことでしょうが）クライエントさんに寄り添っている専門家の存在があることをこころの片隅に置いていただければ幸いです。私たちに身をもって人間の奥深さを教え，専門家としての成長にご協力いただいたクライエントの方々に深く感謝申し上げたい気持です。

戸塚　悌子

監修にあたって

心理療法ケース研究会が20周年を迎えたとのこと喜ばしく存じます。事例検討を中心とした地道な取り組みが20年にわたって積み重ねられてきた，その重みと深さに感じ入ります。日本箱庭療法学会JASTが設立される前に，箱庭療法によるワークショップが積み重ねられ，その成果が『箱庭療法研究1，2，3』（誠信書房）に結実しましたが，その頃の熱気を髣髴とさせるものがあります。やはり原点は，「臨床」にあり，「事例検討」にあることが，改めて再認識させられた思いです。

私が戸塚悌子先生と初めて出会ったのは，2007年夏にケンブリッジ大学で開催された国際箱庭療法学会ISST第19回大会です。私は当時ユング研究所に留学しておりスイスからイギリスへ向かいました。前年の夏期集中訓練プログラム（オランダ）でお世話になった故樋口和彦先生の他，数人の日本からの参加者がいて，その中のおひとりが戸塚先生でした。イギリスで研修されて国際箱庭療法家の資格を取得したとのことで，海外で研修した同境遇故意気投合したところもあったように思います。

私は2008年2月にユング派分析家となり日本へ帰国しましたが，帰国後，戸塚先生から心理療法ケース研究会に2010年，2012年，2013年，2015年，2016年と5回招かれました。2012年の自身の発表が，今回掲載した論文の元になっています。スピリチュアルな特性をもつ事例で，対立するものの統合が劇的に表現されているので，学ぶところが多いものでした。

武石惇先生の論文は，病院臨床における困難事例との格闘の記録です。故河合隼雄先生の表現を借りると，箱庭療法という「通路」によって，「強い」転移が，「深い」転移に変わっていった（序論　箱庭療法と転移，『箱庭療法研2』，誠信書房，1985）ものでしょう。3回の箱庭制作を通して精神状態は安定します。箱庭療法がプロセスのカイロスにおいて「鎮静剤」として効果を発現した。そしてその後の回復と復活をシンボリックに先取りしていたのではないでしょうか。私のコメントは今回の出版にあたって書き下ろしました。

戸塚悌子先生の論文は，2013年，2015/2016年に心理療法ケース研究会で私が指定討論した事例とは別の，攻撃性が激しい思春期の困難事例であり，戸塚先生のもつ「太母的」受容性で真正面から受け止めた，他に類を見ない「変容」の記録となっています。戸塚先生の「治療教育的配慮」と相俟って，事例の「箱庭療法のイメージの展開によるこころの内奥の本質的な変容」がダイナミックに表現されています。私のコメントは今回の出版にあたって書き下ろしました。

光川利恵先生の論文は，2016 年の心理療法ケース研究会で発表され，私が指定討論を行いました。学生相談の事例ですが，相談の初期に行われた 5 回の箱庭制作が，その後の全体のプロセスを凝集し, その方向性, 指針となっています。無意識のイメージが全体のプロセスを先取りすることがよく分かり，臨床の醍醐味を感じさせられるものです。

武石論文，戸塚論文，光川論文への私のコメントは蛇足かもしれません。それぞれの論文が私のコメントなどなくとも，それだけの深さと迫力とインパクトをもっているからです。私の解釈はあくまで一つの見方にすぎません。解釈は一つではない。正しいか否かではない。そういう視点，見方もあるかもしれない，ということです。その多層性を尊重したい。あれかこれか，といった還元論ではなく，あれもこれも，といった拡充法の立場をとりたい。それが人間の生といった多様性，多層性，複雑性を尊重することにつながるからです。

あくまで主役はクライエント（事例）です。我々はわき役にすぎません。ただし時には，道行きには，ガイドが必要になりましょう。ガイドがすべてを知っている訳ではありません。しかし導き手としての智恵をもっているかもしれない。そうした智恵のひとつとして，各論文とコメントとのダイアローグに，読者諸氏がコミットしていただけることをお願いしたい。1980 年代の熱気が息づく「臨床の事例検討会」を現代に蘇らせるためにも。

2021 年 1 月 1 日
元旦の京都にて
鈴木　康広

目　次

CONTENTS

* ISST, TM: abbreviation for 'Teaching Member of International Society for Sandplay Therapy'

箱庭療法（Sandplay Therapy）

「砂の癒し・イメージ表現の力」

Healing with Sand / Power of Expressing Images

トラウマ，発達障害，ADHD をもつクライエントとの箱庭療法

Sandplay Therapy for Trauma, Developmental Disability, ADHD

監修（Supervisor）

鈴木康広

Supervised by Prof. Yasuhiro Suzuki

心理療法ケース研究会

Psychotherapy Case Study Group

戸塚　悌子・武石　惇・光川利恵

Teiko Totsuka, Jun Takeishi, Rie Mitsukawa

1
ある種の浄化とイニシエーションとしての個性化プロセス
—ある女性の箱庭療法ケース—

佛教大学教育学部臨床心理学科教授
鈴木　康広

1 序　　論

初回面接において，特に主訴はなくただ箱庭作品を作ってみたいだけと述べて来談した50歳代女性クライエントの12回にわたる箱庭制作を検討していきたい。

初回面接では言葉少なく最低限の情報しか得られなかった。セッション回数を重ねるにつれ次第に，本人の生育歴，生活史，現病歴，個人背景，家族背景が語られるようになってきた。

箱庭制作による間接的・直接的な効果[1)]であると思われる。すなわち，抑圧されていた無意識（の葛藤）が箱庭作品の中に表現され，それを意識化することでnarrativeに言語化できるようになった。自身の情動の動きを味わいながら自分と向き合うことができ，無意識と意識を統合できたと思われる。

箱庭制作プロセスにおいて，クライエントは“対立するものを統合”していった。すなわち，ヘビのフィギュアとトラのフィギュアという対立物の統合であり，また“無と充満”という対立物の統合である。ヘビとトラのフィギュアという対立物の統合はアイオーン像（身体にヘビが巻きついた獅子頭の像，Jung, 1984）のようでもあり，無と充満という対立物の統合はユングの言及した“プレロマ”（Jung, 1916/1989, 2009）のようでもある。これらの点については考察にて検討したい。

結論を先取りすれば，箱庭制作プロセスにおいて，ヘビのフィギュアが次第に変容していき（図1→図2→図3→図4→図7→図12），またトラのフィギュアも次第に

1)　箱庭を介してワンクッション置く点で間接的であり，より自由に柔軟になれ言語化できるようになる点は直接的な効果であると思われる。

変容していく（図2→図9→図10→図12)。そして最終制作の第12回（図12）において，埋められたヘビの上に仁王立ちするウルトラマン（トラの変種）として，ヘビのフィギュアとトラのフィギュアという対立物の統合がなされたと思われる。

また，無と充満に関しては，フィギュアを一切使わないで動物の足跡のみを表現したセッション（図6）において，多くを語り始めた。また，中身にしがみつかないように空の容器を置いたり（図8)，砂だけの上に種々のドラえもんだけを置いたり（図9）の表現も見られた。フィギュアが一切ないという点で無であり，多くの語りという点で充満ではなかろうか。この点に無と充満という対立するものの統合があると思われる。

いずれにせよ，主訴はない，ただ箱庭作品を作ってみたいだけと隠蔽し抑圧していたクライエントが，箱庭制作を通して，次第にplayfulに，柔軟に，自発的になり，過去のつらい体験やトラウマを語るようになり，箱庭表現の中の対立するものの統合を行っていったと考えられる。その体験はクライエントにとってはある種のイニシエーションに比されるもので，つらく苦しい体験やトラウマを自己浄化（カタルシス）していくものであったと考えられる。

そのプロセスを以下12回の箱庭作品を通して見ていきたい。

2　事例提示（臨床経過）

事例の概要

50歳代女性，職業はスポーツトレーナーでスピリチュアルなことに関心をもつ。父母との関係が良くない。父はアルコール依存症，母は末期がんで闘病中で介護が大変である。子供たちとの関係も悪い。結婚離婚を繰り返した。職場の同僚・上司との関係も良くない。これらの家庭環境・個人的背景は第3回セッションになって語られた。

初回作品（図1）では，ベビーカーの中の赤ちゃんと7～8歳の少女がクライエントのダメージを受けてボロボロのインナーチャイルド（内なる子ども）として出てきている。

白鳥，山羊，キリン，熊や象など多くの動物が赤ちゃんを取り巻き，子犬が少女に寄り添っている。あたかもこれらの動物たちはインナーチャイルドを守っているかのようである。山羊は髭を生やして知恵をもつ導き手（ガイド）であるかもしれない。

大きなヘビが，クライエント自身の喪の作業のために，桜の木のそばの象たちの下に埋められている（図1'）。この埋められた部分の脇には，あたかも自身を振り返るかのように鏡が置かれている。

赤ちゃん，ベビーカー，少女，木馬，小さい動物たち，桜の木や緑の木々といった，クライエントの言うところの，奇麗でかわいいフィギュアを置いている。クライエント曰く，奇麗でかわいい箱庭を作ることで自分を浄化したい，とのことであった。

図 1

第 2 回作品（図 2）では，阿吽の対になった黄色のトラととぐろを巻いた白色の蛇が中央に置かれた。

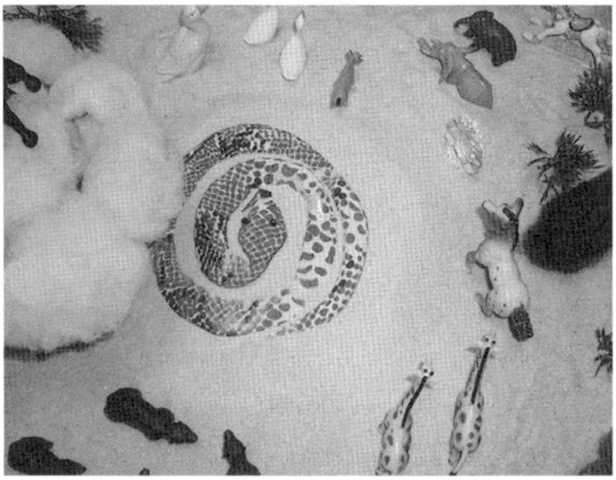

図 1’　桜の木のそばの埋められたヘビ（クライエント退出後著者が象をどかしての撮影）

黄色についての言及と連想があり，傷ついた自身を造り直す黄色のショベルカー，知恵をもって導いてくれる髭を生やした黄色の山羊，自分が小休止したい場所に生えている黄色の花や木の紅葉などが語られた。

クライエントは，とぐろを巻く白蛇にクンダリーニ・ヨガを連想した。ヨガによってスピリチュアル（霊的）なエネルギーが下から上へ上がっていくイメージである。ダンスや身体運動によってスピリチュアルなエネルギーで天と一体になりたいとのことであった。

左上の鉞担いだ金太郎のフィギュアは，クライエントのやんちゃな部分を表わしており，賢い猿，従順な犬，親切な白鳥を伴っている。担架で運ばれる女性がクライエント自身であるとのことである。

ダメージを受けたインナーチャイルドは癒されるべくまさに建設中の工事現場にいる。蛇はとぐろを巻いて上へ上がろうとしている。クライエントの言及するクンダリーニは自身のスピリチュアルな性格特徴に基づいているかもしれない。阿吽のトラは，陽と陰といった対立物を統合するものかもしれない。

第 3 作品（図 3）では，とぐろを巻いた白蛇は祭りのお神輿に担がれている。4 つのお供え物が蛇の前に供えられている。それらの色はそれぞれ，黄色，オレンジ色，

図2

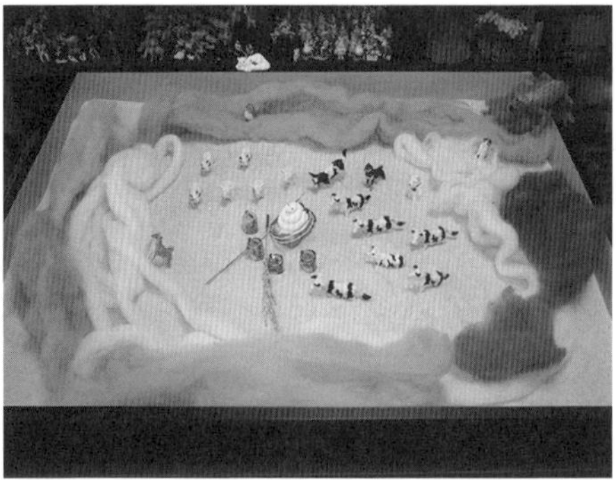

図3

赤色，青色である。クライエントによると，身体のチャクラがお供え物にそれぞれ対応している，すなわち，第一のものはムーラダーラ・チャクラ（大地），第二のものはスワディスターナ・チャクラ（水），第三のものはマニプーラ・チャクラ（火），第四のものはアナハタ・チャクラ（空気）であると言う。それぞれのチャクラの要素がそれぞれのお供え物の色に対応していると言うのである。

カメレオンと3匹の猫が雲の上から下を眺めている。柴犬が大地と雲の上（天）をつないでいる。

クライエントの以下のような語りが少しずつ始まる。

両親や職場の同僚とうまくいっていない，家で子供たちと会話がない。柴犬だけが家での唯一の友人である。スピリチュアリティについては，友人の影響で関心をもつようになった。前のパートナーとは数年間一緒に働いたが数ヶ月前に別れた。出張が多く，疲れてクタクタだったが熟睡できなかった。それで消耗して抑うつ状態になった。かつては摂食障害であったなどである。

第4回作品（図4）では，まず左上にうれしそうに弁財天[2)]を置いた。弁財天を置いて浄化されたかったと語る。雨雲からの雨水と滝の水の流れが，弁財天の傍から流れている。

クライエント曰く，ある神社で奉納舞をしていたら，長い尻尾をもったヘビのような動物霊にとり憑かれたことがある。それは弁財天または吉祥天だったのでは。弁財天はヘビの化身らしい。

2）弁財天はヒンズー教の女神 Saraswati に由来するヘビの化身の女神で，学問，富，芸術，音楽を司る。特に琵琶が得意である。

図4

図5

見えない波の動きが弁財天のあたりから出ていて，小さな魂である色とりどりの小玉がたくさんある。それらのいくつかは中絶されたものである。

クライエントは父の墓と母の墓を置いたが，それらは互いに一列に一緒に並んではいない。父母の仲は悪く夫婦喧嘩が絶えなかったが離婚はしなかった。クライエント曰く，自身は非行に走り離婚もした。父の墓の前にお酒を供え，母の墓の前には野菜を，先祖の墓の前には花々をお供えした。

弁財天の傍の雨水と滝の水は，シーン全体と自身を浄化[3]してくれるかもしれない。

第5回作品（図5）では，猫たちを横倒させて象を前進させている。

猫たちは半ば砂の中に埋められ休ませて充電させている。木々はランダムに分散して置かれている。水晶，アメジスト，ピンククウォーツなどの石も同様にランダムに分散してばら撒かれている。

クライエントは，ランダムに分散してばら撒かれた木々や石に草間彌生[4]の水玉模様の作品群を連想している。図4における小さな魂が水玉模様に変容したかのようである。

クライエントは，職場の同僚との葛藤について語り始めカタルシスを得ている。

第6回作品（図6）では，フィギュアを一切置かずに砂だけで足跡だけを表現した。猫の足跡，白鳥の足跡，老賢人で導き手である山羊の足跡などである。

足跡の傍に，クライエントは貝で砂紋を表現した。

---

3)　洗い清めるのは浄化のテーマであり，水修行におけるイニシエーションと同様のものであろう。

4)　統合失調症サヴァイバーの前衛画家で，水玉模様のユニークな作品群で知られる。現在も旺盛な創作欲で作品群を作り続けている。2016年文化勲章を受章した。

図６

図７

そして，クライエントは多くを語り始めた。

フィギュアのない箱庭はある意味無 empty であるが，その足跡はクライエントに自身の人生経験，人生の足跡を表現するよう導いたのかもしれない。つまり，それは同時に充満 full である。

クライエントは生育歴と現病歴を語り始めた。

砂紋の波は風でさざめいた荒波であった。クライエントは，足跡をつけられたと，前パートナーによる性的トラウマを連想した。日本中を出張して前パートナーと一緒に働いた数年間，クライエントはずっと抑うつ状態だった。自殺企図を繰り返し，いくつかの精神科クリニックを受診した。また職場の同僚や上司ともうまくいかずもめている。末期がんの死期の近い母の介護のトラブルにも巻き込まれている。父母とも仲が悪かった。少女期は反抗して非行に走り，不登校となり，思春期時に家出した。クライエントは男友達らとはくっついては離れる不安定な関係を続けた。成人になって高校に再入学した。７年前から２年前までの５年間，うつ病に罹患していた。現在は生活のために多忙で自分の時間がもてず，自宅にいる子供たちともうまくいっていない。涙を流しながら死にたいと言うものの，子供たちと両親の面倒をみなければならないので死ぬことができないと言う。

第７回作品（図７）では，青色と赤色の内なる怪獣（内なる龍）ががっつり直面して戦っている。龍の由来は大ヘビからきているかもしれない。赤色の龍（怪獣）は，ヘビ，サソリ，クモなど危険な毒をもつ動物や虫を付き従えている。青色の龍（怪獣）には，羊，山羊，白鳥，牛などおとなしい動物たちが付き従っている。

クライエントは青色の側を守りたかったが，青色と赤色の双方が生き延びて食べていくために，互いに戦わなければならない。食べて生きるための野菜やナイフ，フォー

図8

クが双方の龍の間にある。

このセッションでクライエントはさらに多くを語り始める。

思春期時にトラウマ体験をもった。両親は加害者ではなく被害者である彼女を逆に責め，江戸時代なら舌を噛んで自死するものだとなじった。クライエントはネグレクトされ心理的に虐待された。彼女がかわいがっていたペットの犬は捨てられ，個人的な日記は盗み見され，男友達からのラブレターは両親に燃やされた。クライエントはたまらず何度も自殺を企図した。

クライエントは現在終末期の母の介護をしながら母の臨終を看取ろうとしている。それ故，自分自身と自分の過去に向き合わざるを得なくなった。まさに，クライエントは内なる龍たちの戦いに直面しているのである。

第8回作品（図8）では，“空の”オレンジ色のプラスチック容器を置時計の前に置いている。置時計は，青々とした大木と枯れたドライフラワー（死）との間にある生・人生であるかもしれない。

クライエントは“空”であることを強調している。容器の中身を投げ捨て，もはやそれらに固執しない・しがみつかない。

男友達たちと別れることができたので，クライエントは今，自由で寛げると言う。思春期時から男友達に悩まされてきた。クライエントは結婚離婚を繰り返した。

クライエント曰く，「私の人生は，この置き時計のように生と死の間に存している。この作品は“生と死”を表している」。

この容器が“空”であることがクライエントにとって重要である。中身にしがみつかないために中身を捨てた。新たに来たるべきものに備え，そのためのスペースをキープしているのであろう。

第9回作品（図9）では，様々な顔の表情をもつ様々なドラえもんフィギュアで，クライエントは自身を表現しようとしている。ドラえもんはTVアニメのキャラクターで，のび太を助けようと未来からやってきた猫（トラも同じくネコ科である）の一種である。

中央先頭のドラえもんが現在のクライエントであると言う。その後ろに怒った顔のドラえもんがいる。さらにその後ろには，落ち込んだ，困った，うんざりした，疲れ

図 9

図 10

た，涙を浮かべて悲しいなどの顔の様々なドラえもんたちがいる。クライエントは今まさにそれらに直面している。

お茶目な（からかうような，トリッキーな）ドラえもんが，それらからは離れて距離を置いて，それらを観察している。ハート形の目をした恋愛中のドラえもんは，左上隅に隔絶されている。もはやそれに執着はないとのことである。

この作品は，砂とドラえもんフィギュアだけで表現された。これは第 6 回作品の砂だけの表現にドラえもんフィギュアが加えられたものと言える。上述のごとく，これらのドラえもんフィギュアはそれぞれ違った特徴（性格）と感情（情緒性）をもつ。クライエントは様々なたくさんの感情を表現した，すなわち，（無に対して）“充満”である。“無であり充満である”という無と充満双方が，第 6 回作品と同様に見られている。

第 10 回作品（図 10）では，孤児たちに贈り物をする黄金のトラが置かれた。2010 年末にあった「タイガーマスク」のエピソードを連想した故である。クライエントはこのエピソードに心打たれた。

トラの周りには，孤児たちへの寄付のお金や全人類の繁栄を願う小さな美しいものが点在している。トラのそばには本物の水晶がある。白い犬，白馬，白いウサギ，羊，ペンギン，猫などすべての動物たちは幸せそうである。トラとそれらの動物たちの間には聖なる橋が架かっている。木々には花が咲き果実が実っている。

クライエントはトラに向かって手を合わせた。

「タイガーマスク」は TV アニメのヒーローで自身も孤児だった強いプロレスラーである。タイガーマスクは匿名で自分のファイトマネーを孤児たちに寄付している。

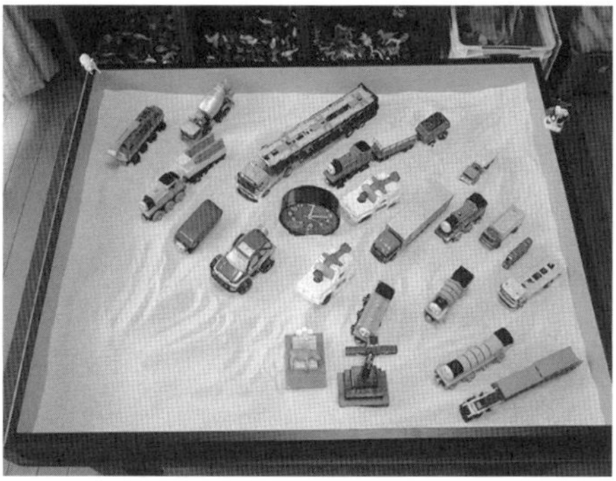

図 11

2010 年末にかけて，「タイガーマスクより」と匿名で記された多くのランドセルの贈り物が，孤児の施設の前に置かれるという出来事があった。クライエントが自身の置いたそのトラに涙を浮かべて「タイガーマスク」と連想する所以である。クライエント自身が，孤児で，つまりダメージを受け傷ついた内なる子ども（インナーチャイルド）であった，と感じていたのかもしれない。黄金のトラを置くことで，クライエントは自身を癒そう・救い出そうとしていたのかもしれない。得難い友人を得たのである。

第 2 回作品の阿吽の対の黄色いトラは，このようにして黄金のトラに変容したのである。

クライエント曰く，自身の干支は猪である，つまり，自分は猪突猛進であった。周りを顧みず突き進んできた。それを思うと，傲慢になってはいけませんね，謙虚でなければ，とのことである。

最近では晩酌はやめ，男友達から飲みに行こうと誘われても断っている。自身はアルコールが好きだし父もアルコール依存症である。自身で酒を飲まないで，その酒を神々に捧げるようにしたとのことである。神社へお参りに行ってヴィジョンを見ることもあり，自身が“浄化された”ように感じている。

第 11 回作品（図 11）では，中央に置時計を据え，たくさんの列車と車がある。それらの乗り物は，強迫的に同じ方向に急かされているようだ。それらは時間に追われている。

猪が墓の手前に置かれた。上述のごとく，猪はクライエントの干支である。クライエント曰く，自分は猪のように猪突猛進で生き急ぎ周りの人たちを煩わせてきた。

猪と墓の横には，キリストが十字架に架けられている。キリストは自身を犠牲にして，すべての乗り物やクライエントの罪を償ってくれているのではないか。猪は供犠として捧げられ，自分はその喪の作業をしている。

自分の母もまた攻撃的で，自身の“カルマ（業）”であるかもしれない。今急かされず自分のペースで小休止して，自分自身で“カルマ（業）”を断ち切りたい。

置時計の時間も図 8 の午後 2 時 53 分から図 11 の午後 3 時 02 分に少し進んでいる。

クライエントはリセットするために，自宅の台所を掃除し始め，20 年間貯め込ん

図 12

図 12'　タンポポが埋められた大ヘビから咲き出ていて，小さいヘビが岩の上にいる

でいた手紙を整理し捨てた。そして子供たちのことを話し始めた。長子とは音信不通で，次子は自分に反発して非行に走っていること，自宅では他の子供たちと会話がないなど，子供たちとうまくいっていない。クライエントは自身の両親と不仲だし，自分の子供たちも自分と不仲である。クライエント曰く，仲の悪い親子関係を繰り返しているのかもしれない。この家族関係をリセットしたい。

第 12 回作品（図 12）では，2011 年 3.11 東日本大震災を表現し，どうしようもない怒りや攻撃性を表したかったとのことである。

大ヘビを中央に埋め（図 12' 参照），口を開けて威嚇するヘビを岩の上に置き，とぐろを巻く白蛇を入れるための空箱をウルトラマンの後ろに置いた。正義の味方であるウルトラマンが埋めた大ヘビの上にどっしりと仁王立ちして構えている。

救急車や緊急車両が周りを走行し，世界を再生させようとしている。鞍馬寺のお守りである大きな木刀を“カルマ（業）”を断ち切るべくその走行路に据えている。

本当に大切な女神，男神，白い犬のみが助かればいい，とクライエントは述べた。

女神はウルトラマンのようにしっかりと大地の上に仁王立ちしている。タンポポが埋めた大ヘビのあたりから咲き出でている。（図 12，図 12'　参照）

虹が左上部にかかっている。希望であり，破壊の後の内なる再生であろう。

クライエントの母の病状は悪化し臨終が近づいていた。同時に，クライエントを誠実にサポートする新しい男友達ができた。母の臨終と新しい恋人に向かい合いながら，恋愛関係では母性が出てくることにクライエントは気づく。

このようにしてクライエントは，対立するものの統合を行っている。すなわち，へビとトラであり，女性性と男性性，怒りと愛情，死と再生，などである[5)]。

母の病状悪化のため，次のセッションはキャンセルされ終結した。しばらくして母は死去したとのことである。

3 考　察

1）チャクラ

クライエントは図3で，神輿に担がれたとぐろを巻いた白蛇の前に，四つの食べ物をお供えした。食べ物と容れ物の瓶の色はそれぞれ黄色，オレンジ色，赤色，青色であった。

C. A. Meier（1975/1996, p.80）によると，一番目のチャクラはサンクスリット名でムーラダーラ，「要素」への関係づけは大地，対応する動物象徴は象，TATTVA[6)] の色は黄色である。

二番目のチャクラは，同上の基本的な細目順に，スワディスターナ，水，マカラ，PETALS（蓮，花びら）の色は（赤色に近い）オレンジ色である。

三番目のチャクラは，マニプーラ，火，雄羊，TATTVA の色は赤色（形は逆三角形）である。

四番目のチャクラは，アナハタ，空気，ガゼル，TATTVA の色は smoky[7)]（紫や青色に近い）である。

クライエントが無意識に黄色，オレンジ色，赤色，青色の順に並べていることに驚かされる。クライエントはスピリチュアルなことに親和性をもっている。占いに関心をもったり神社で奉納舞をしたこともある。その際に何かにとり憑かれてトランス状態に陥ったこともあった。クライエントは踊り手として身体感覚でチャクラのことを知っている。

そうであるが故に，多くのスピリチュアルなフィギュアを好んで置いていたのかもしれない。上述のごとく，阿吽のトラ，白蛇，弁財天，墓，小さい球の魂，キリスト，鞍馬寺の木刀，などである。

五番目のチャクラは，同様に，ヴィシュッダ，エーテル，白象だが，身体所在は喉頭で，ドイツ語訳の意は浄化である。

5）対立物の統合としてのアイオーン像とプレロマ（無であり充満である）については考察で議論したい。

6）チャクラの図の真ん中の部分で一番目のチャクラでは四角い部分。上記 Meier の口絵 2，Sir Avaron（1919/1964/1974, p.141）参照。

7）同上，Meier の口絵 5

クンダリーニ・ヨガでスピリチュアルなエネルギーが最下位の一番目から二番目，三番目，四番目，五番目へと運ばれる，すなわち，エネルギーの身体所在が会陰から膀胱，臍，心臓から喉頭へ至って，そこでは浄化が行われる。

クライエントにとって以降の課題，つまり，過去のつらい体験やトラウマを喉頭声帯を使って語ること，そしてそれによって自己浄化（カタルシス）されることが，ここで次の五番目のチャクラの課題として，先取りされ，あらかじめ暗示されていたと言えるのではないか。まさに第6回作品（図6）を機に，それ以降そのように展開していく。

2）プレロマ（無であり充満である）：対立物

ユングはプレロマについて次のように述べている（1916）：“無は充満と等しい。無限の中では，充満は無と同じだ。無は空であり充満である。（中略）　無限にして不滅なるものは，何らの特性ももたない。つまり，それはすべての特性をもっているからである”（傍線は著者による）。

このようなプレロマの特性が，我々の議論では，図6，図8，図9に見られた。

図6で，フィギュアを使わずに砂だけで表現したのは上述のとおりである。貝で足跡の傍に波を作り，波は強風で荒立たされていた。そうしてクライエントは過去のつらい体験とトラウマを語り始めた。

フィギュアなしの箱庭作品は，ある意味無であるが，同時にその足跡がトラウマ，すなわち人生の軌跡を語らせるに至った，つまり，その意味で充満でもあった。これは山中が言及する（1991/1999）砂だけの箱庭が制作された際の，プロセス全体における“転回点（カイロス）”であったと言えよう。

図8で，置時計の前に空の容器を置いた。クライエントは“空”であることを強調している。容器の中身を投げ捨ててもはやそれらを手放すとのことである。次に来るもののためにスペースを空けて準備している。この意味で，次に来るものへの潜在可能性であり，それによって満たされる（充満される）であろう。ここにまた“無は空であり充満である”実例を見ることができる。

図9では，砂だけの表現に種々の顔の表情をもつドラえもんフィギュアだけが置かれた。これは図6の砂だけにドラえもんフィギュアだけが加えられたという点で，図6同様，“無”に近い。ドラえもんフィギュアはそれぞれ種々の表情で様々な性格（特徴）や感情（情緒性）を表している。クライエントは，それらを使って，様々な感情・情緒を表現した，すなわち，たくさんのという意味で“充満”であろう。ここでもまた“無であり充満である”ことが見られた。

プレロマとは“無であり充満である”。これはパラドックスである。その正反対の対立するものがここに同時に含まれ凝集されている。これはある種の原初的な“胚”であり，その後細胞分裂して発育していくすべての可能性・性質を包含しているものとも言えよう。この点については次項3）にて再度考察していきたい。

またプレロマの“無は空であり充満である”は，加藤（1989/1999）の指摘する，禅における“無”の概念で拡充できるかもしれない。すなわち，禅でいう“無”は虚無ではなく本質的には活動的である，という点である。

3）対立するものの統合：第12回作品（図12）におけるヘビとトラについて

図12で，埋められた大ヘビ，岩の上で口を開けて威嚇するヘビ，とぐろを巻く白蛇の入れてあった白い紙袋に入った空箱が置かれた。正義の味方であるウルトラマンが，埋められた大ヘビの上に仁王立ちしている。図10で，黄金のトラを据えながら，孤児たちに匿名でランドセルを贈る“タイガーマスク”に言及していたので，ウルトラマンはトラが変容したものであろう。

上述のごとく，ヘビは図1→図2→図3→図4→図7→図12と変容している。すなわち，図1では埋められた大ヘビであり，図2ではとぐろを巻く白蛇，図3では御神輿で担がれた白蛇，図4では弁財天，図7では二匹の怪獣（恐竜・龍）と多くのヘビ，図12では埋められた大ヘビと威嚇するヘビ，白蛇入れの空箱，へと一連の変容が見られる。

同じく，トラは図2→図9→図10→図12と変容している。すなわち，図2では阿吽の黄色の対のトラ，図9ではトラはネコ科だがその猫の未来形の変種であるドラえもん，図10では黄金のトラ，図12ではウルトラマン，へと一連の変容が見られる。阿吽の対のトラは陽と陰として統合され，ドラえもんという空想的万能的な媒体を経て，富，慈善や心理学的・錬金術的な金であるところの黄金色のトラへと，変容していった。さらに，この黄金のトラはウルトラマンへと変容した。

この大きく強い男性的ヒーローであるウルトラマンは大地の上にしっかり立っている。背筋をピンと伸ばしてシャキッと仁王立ちしている。

ウルトラマンはアイオーン像のようでもある[8)]。アイオーン像は，獅子の頭と身体に巻きついたヘビを持っている。ウルトラマンは大地を踏みしめている，すなわち，トラが埋められた大ヘビの上に立っている。トラはある種のライオン・獅子の変種である。なぜならともに同じネコ科だからである。

ウルトラマンとアイオーン像にも類似点がある。それは，前者は埋められたヘビの上に立つトラであり，後者はヘビが巻きついたライオン頭だからである。ウルトラマ

8）ユングによると（1984/2002, p.116），彫像では，獅子の頭 Deus Leontocephalus をもつ人間の姿で現されます。その体には蛇が巻きつき，蛇の頭は人間の頭の上に突き出ています。

ンもアイオーン像も相矛盾する対立するもの双方を同時にもっている。対立するものとは，トラ（ライオン）とヘビであり，温血と冷血，灼熱の夏と湿った冬，天と地，陽と陰，善と悪，オルムズドOrmzud（光）とアーリマンAhriman（闇）[9]，男性性と女性性，愛と憎しみ，破壊と創造，死と再生，そして無と充満などである。これは対立するものの統合の潜在可能性の意味を孕み体現している。このような対立するものが統合されることで変容が可能になる。超越性たる所以である。

図12について言えば，クライエントは対立するもの，つまり，変容したトラと変容したヘビを“東日本大震災”のシーンに置いた。

クライエントは三種類のヘビを置いた。

すなわち，一つは図1で使われた埋められた大ヘビであり，そのヘビの喪の作業を行うため，あるいは，自身のカルマ（業）を弔い浄化するためであろう。

二つ目のヘビは，岩の上で口を開けて威嚇するヘビであり，はっきりと自己主張し，叫び，格闘していくための新しい可能性であろう。

三つ目は，とぐろを巻く白蛇の容れ物の白い紙袋に入った空箱であり，クンダリーニ·ヨガのような自身のスピリチュアルなものを活性化するものであるかもしれない。クンダリーニ・ヨガの概念と箱庭療法およびユング心理学の出会いを我々はここに見ることができるかもしれない[10]。

埋められた大ヘビはもはや図1のように隠蔽されていない。クライエントは自身で大ヘビの死を悼み，その上にしっかりと立っている。あたかもタンポポが大地から咲き出でて再び立ち上がろうとするかの如きである。確かに“東日本大震災”で壊滅的な打撃を受けたが（同時に自身の攻撃性を解き放って），二つ目のヘビやタンポポのように新しい生命が生まれ出でつつある。まさに死と再生である。これはある種のイニシエーション（通過儀礼）に比され，禅でいうところの“大死一番，絶後に蘇る”といったものであろう。クライエントは対立するものの統合を通して実に見事に変容している。

そのプロセスの原動力自体が，またはプロセスそのもの自体が，対立するもの双方を含む原初的な第一質料である。胚のように，始まりの一番最初のものでありながら，

---

9)　鈴木康広（2011），宗教と心理学（p. 57）創元社

10)　クンダリーニ·ヨガのチャクラに譬えれば，一つ目の大ヘビは過去と関連し，一番目のチャクラ·ムーラダーラ，二番目のチャクラ·スワディスターナ，三番目のチャクラ·マニプーラ，四番目のチャクラ・アナハタと関連しているかもしれない。二つ目のヘビは現在と関連し，今ここのセッションにおいて語る・喋るという点で，身体所在の喉頭において自己浄化（カタルシス）を行っているので，五番目のチャクラ・ヴィシュッダに関連しているのではないか。三つ目の白蛇の空箱は，今後の課題・究極的目標としての未来と関連し，六番目，七番目のチャクラと関連してくるかもしれない。

その後の発育するすべての要素を包含している。我々の議論では，それこそがプレロマ，つまり，無であり充満である，と言えよう。ヘビの上に立つウルトラマンとアイオーン像こそが，対立するものの統合を具現化しているとは，この意味においてである。

クライエントは，この死と再生のイニシエーションを自身の内的現実として潜り抜けている。またその内的現実は“東日本大震災”という過酷な外的現実と相応するものである。クライエントは母の死を迎えるにあたって心の準備をしつつ，しっかりと大地に踏ん張って，前に進もうと，自身の過去とトラウマに向き合って喪の作業を行っている。自身のスピリチュアルな特性を生かしながら，クライエントは相矛盾する対立するものを統合し，過去とトラウマを浄化し，気づきを得ている。その苦しくも真摯な取り組み，格闘，そして実り多いユニークな生き様に著者は心打たれる。

4 結　語

最後に女預言者マリアの公理（Jung, 1953/1976, pp. 215-216）にふれておきたい：“一は二となり，二は三となり，第三のものから第四のものとして全一なるものの生じ来るなり”

この公理は心理療法のプロセスを言い当てていると著者は考える（Suzuki, 2011）。

一は自我（ego）であろう。

自我は二として葛藤をもたらす，すなわち，意識と無意識の葛藤である。

意識と無意識という対立するものの統合が超越機能として働き，三として第三のものが生まれる。

そしてさらにそれが全体的な統一体となる，すなわち，第四であり一であるところの“自己（Self）”である。これは終わり・目的地であると同時に，また新たなる次元における始まりである。

埋められた大ヘビは，図1では始まりであったが，図12では終わりであり新たなる次元における始まりである。

“第四のものとして全一なるもの”（一であり四である，四であり一である）は，我々の議論では“プレロマ”にあたるかもしれない。

それは一であり四である，つまり，可能性の次元における循環する，始まりであり終わりである。換言すれば“無であり充満である”と表現できるかもしれない。

引用・参考文献

Avalon, A.（1974）. *The Serpent Power* (p.141). New York: Dover Publications.

Jung, C. G.（1953）. *Psychology and Alchemy. Collected Works 12* (Par. 209). Princeton, NJ: Princeton University Press.（ユング，C. G. 池田 紘一・鎌田 道生（訳）（1976）. 心理学と錬金術 I（pp.215–216）人文書院）

Jung, C. G.（1984）. *Seminar on Dream Analysis. Dream Analysis, Notes of the Seminar given in 1928–1930 by C. G. Jung*. Edited by William McGuire. Princeton, NJ: Princeton University Press.（ユング，C. G. 入江 良平・細井 直子（訳）（2002）. 夢分析 II（pp.116–117）人文書院）

Jung, C. G.(1989). *Memories, Dreams, Reflections*. New York: Vintage Books.（ユング, C. G. ヤッフェ（編）河合 隼雄・藤縄 昭・出井 淑子（訳）（1973）. ユング自伝 2（p. 244）みすず書房）

Jung, C. G.（1996）. *The Psychology of Kudalini Yoga. Notes of the Seminar Given in 1932 by C. G. Jung*. Edited by Sonu Shamdasani. Princeton, NJ: Princeton University Press.（ユング , C. G. シャムダサーニ（編）老松 克博（訳）（2004）. クンダリニー・ヨーガの心理学　創元社）

Jung, C. G.（2009）. *THE RED BOOK*. Edited by Sonu Shamdasani. New York: W. W. Norton & Company.（ユング，C. G. 河合 俊雄（監訳）（2010）. 赤の書（p.387-）　創元社）

加藤 清　(1989/1999). サイケデリック現象と究極的関心の活性化　堀尾 猛（編）明日への提言—京都禅シンポ論集—（p.93）　天龍寺国際総合研修所

Meier, C. A.（1989）. *Consciousness* (The Psychology of C. G. Jung: v.3). Translated by David N. Roscoe. Boston, MA: Sigo Press.（マイヤー, C. A. 河合 隼雄（監修）氏原 寛（訳）（1996）. ユング心理学概説 3　意識（口絵および pp.76–83）　創元社）

Suzuki, Y.（2011）. Japanese Ways of Psychotherapy.　佛教大学教育学部論集，第 22 号，pp. 44–45.

鈴木康広　(2011). 宗教と心理学　宗教的啓示と心理学的洞察の対話（p.57）　創元社（自費出版）

山中康裕　(1991/1999). 砂だけの表現が転機となった箱庭療法の事例　心理臨床と表現療法（口絵 4 および p.131）　金剛出版

付記：プレロマに関する日本語訳はユング自伝 2 に基づいたが，赤の書の（同じ個所の）日本語訳は以下のようになっている：

「無は充溢と等しい。無限の中では，一杯なのは空と同じだ。無は空であり一杯である。（中略）無限にして永遠なるものは，何らの特性も持たない。つまり，それはすべての特性を持っているからである。この無あるいは充溢を，われわれはプレロマ（Pleroma）と名づける。」

謝辞：公表と出版をご快諾いただいたクライエントに心から感謝申し上げます。

初出：佛教大学臨床心理学研究紀要，第 22 号，pp.19–31（2016）
転載を許可してくださった臨床心理学研究センター運営会議の皆様に感謝いたします。

2

過去に発達障害と診断を受け自分の生き方を模索する成人女性との心理面接

東京都立多摩総合医療センター
武石　惇

1　はじめに

病院などの臨床現場で勤めていると発達障害という言葉を耳にする機会が多くある。近年では臨床現場でなくともメディアで発達障害を特集する番組などもあり，一般の方でも一度は耳にしたことがあるかもしれない。筆者が勤務している総合病院でも同様であり，主治医から発達障害の診断可能性のある（または既に診断された）クライエントの心理アセスメントや心理療法を依頼される機会が増加している。

臨床心理の分野でもそのようなクライエントに対応すべく様々な技法・方法論が開発されている。その中で発達障害に有効な心理療法としては問題に焦点化した認知行動療法や行動療法の技法を採用した療育プログラムなどが代表的なものとしてあげられる（齊藤，2018）。それらの技法・理論は治療効果のエビデンスが確立されており，その施行によって適応的な行動や認知が可能になり状態が改善されるクライエントも多くいると思われる。しかし，その一方で発達障害を抱えながら自分が今後どう生きていくかといった，より広い将来に対するテーマを抱え悩むクライエントもいる。そのような方には問題に焦点化した心理療法だけではなく，そのクライエントの今後の人生の歩み方を扱えるような心理療法の提供が有用と思われる。

本事例は過去に発達障害と診断を受けたことのあるクライエントとの心理療法の一過程である。当初は自身の症状が再発することへの不安・身内との付き合い方という主訴であったが，心理療法の進展とともに以前とは違う自分のあり方を模索し，それに向けて取り組んでいくことになった。本心理療法は基本的に言語面接を主体としているが，状況に合わせて箱庭や人形を用いている。そのようなかかわりを通じて行われた3年間の心理療法過程とクライエントの心理的な変化を報告し，考察を行っていく。
（以下では，A さんの語りは「　」，セラピストの語りは〈　〉を用いて表記する。また，心理療法の中でセラピストが感じたことは太字にて記述している）。

2　事例概要

クライエント：女性（以下，A）40代。
主　訴：食べ吐きが再発するのではないかと不安。姉との付き合い方がわからない。
家　族：両親は他界。姉がいるが，別居。独居。
成育歴：2歳半健診で自閉症と言われ，総合療育施設に通っていた。小学校の時に普通級に転校したが，学業が苦手で周囲とコミュニケーションを取ることが難しく，いじめにあった。中学は全寮制の養護学校に転校し，高校進学時に実家に戻った。高校生の時，事故に遭い歩行障害が残る。卒業後，通信制の大学に進学したものの中退し，その後は障害者の就労支援施設で勤務している。

3　心理療法過程

筆者が担当する以前に別のセラピストとの面接が3年間実施されていた。その間も姉との付き合い方がテーマとなっており，姉と適切な距離をもってかかわるということについて話し合われていた。前任者との心理療法が終結した3年後に現担当者である筆者と新たに心理治療を開始した。面接構造は週1回，50分である。

面接の開始と姉との関係　＃1～2

病院の心理室に来室され，心理療法を受けたいと希望される。十体以上のキャラクター人形を車いすに乗せ，車椅子を押しながら来たとのことである。面接室に通し，着席するとほぼ同時に自分のカバンから人形を取り出し，「よろしくお願いします」と言いながら人形の手で握手をしようとする。セラピストも〈よろしくお願いします〉と言い，人形と握手し，暫く人形と共に遊ぶ。心理療法を再開したい理由を尋ねたところ，姉との付き合い方がわからないこと，過去に姉から暴力を受けていたことがあり，これ以上自分に頼られると自分がおかしくなってしまうと思うこと，姉から急に連絡が来て気持ちが不安定になると殺したいと思ってしまうことがあることを涙ながらに話される。また面接の最後に，実は自分自身の本体は‘猫’であると語る。自分は人間の姿形をしているが，自分の本体は猫である。その猫が人間の中に入っているとのことであった。病院に来るときは人間の姿をしないと診てもらうことができないため，人間の恰好をしているとのことである。セラピストはこの時点での自分自身の本体が猫であるという言動の意味を理解するのは困難に感じられた。しかし，自分が猫であること，それをセラピストに伝えていることにはクライエントの中で何かしらの意味があることのように思われた。セラピストは猫の名前を尋ね，その名前を共有した。

その数日後にAからセラピストに電話が入る。声が震えており，気持ちの動揺が電話越しから感じ取れる。セラピストから何かあったのかを尋ねると，姉から連絡がたくさん来て気持ちが不安定で殺したい気持ちが出てきてしまい包丁を持っていること，このままでは自分が何をするかわからず姉を殺して自分も死のうと思っていると話される。非常に不安定な気持ちの中でもセラピストに電話連絡してきてくれたことに何らかの意味があるかもしれないと感じ，そのような気持ちの中でも連絡をくれたことを労い，姉からのメールがAをそこまで辛い混乱する気持ちにさせたことを伝え返した。また，前回に初めて会ってから自分はAと心理療法を開始して力になりたいと思っていること，しかし，もしこのまま感情のままに行動に移してしまった場合，それは不可能になってしまうことを話した。Aは暫く黙っていたが，セラピストが〈一旦，握っている包丁を床に置けますか〉と言うと，「はい」と言ってそのとおりにされていた。次の面接の予約を再度，確認して電話は終了した。

電話から数日後，面接予約日よりも早く泣きながら心理室に来室され，面接を希望される。話をうかがうと姉とのことで気持ちが不安定になりその後，自宅で包丁を振り回したこと，またどうしても病院の屋上から飛び降りたい気持ちになってしまうと話される。セラピストからAが緊急性の高い状態にあることから今回に限り特別に面接を設定すること，また主治医に現状の報告をする必要があることを伝えた。心理面接では調子が良い時期にAがどのようにストレスに対処していたかを確認しあったところ，自ら「楽しみな予定を作る」ことをあげ，具体的な予定についてセラピストと話し合い，また姉のメールで気持ちが動揺してしまうことがあることから，姉からのメールは別のフォルダに入れるようにするなどの対処法を共に考えた。

面接時に人形が出てくることが増え，人形がセラピストにじゃれてから面接が開始されることが多くなる。その際，「この子がじゃれるのは相当だよ」と説明してくれる。面接の中で自分自身は猫であると語り時折，猫の動作を真似た動きが出てくる。食べ吐きについても語られ，最近は過食があるものの吐くことはなく一定程度は症状が治まりつつあるようである。吐くことがなくなったことについて自分が受け入れられているという感情が関係しており，最近はそのように感じることが以前よりも増えたとのことであった。また，現在の主治医はAの分身として人形を扱ってくれるようで「診察の時に私の人形のことを高い高いしてくれるんです」と話されていた。退出時にセラピストへ「さようなら」と言ってハイタッチを求め，セラピストもそれに応答して終了した。

休み方の練習と人形の意味　＃３～７

車いすに乗って来室。最近，やる気がなくなってしまったこと，主治医には家で休むように言われているが，どのように休めばいいのかわからないと話される。外には自分にとって楽しいことが多くあるが，自分の行きたいところに思うままに活動すると翌日にかなりの疲労が蓄積するようである。セラピストからAに疲れているという感覚について質問してみるも「その感覚がわからない」と話されていた。セラピストから疲労状態の特徴を具体的に示してみたところ，「それが疲れているってことか」と自分の体験と具体例の中に一致していると感じられたものがあるようであった。その後，簡易式の筋弛緩法を実施する。Aに筋弛緩中の身体感覚をモニターしてもらい，報告してもらったところとても気持ちの良い感覚を得られたと話される。

その後，自宅でも疲れた時には練習した筋弛緩法を試しているとのことであった。A－セラピストの間で筋弛緩法は「力を抜いてころーん」するという表現で共有するようになり，自宅で疲れた時は〈ころーんとしていますか〉と確認し合うようになる。

婚約者との写真を見せてくれる。彼は入院をしているが，退院した後に結婚することになっているとのことであった。しかし，現在は事情があって彼とは会えていない。自分が持ち歩いている人形が増えたのは彼と会えなくなり寂しい気持ちを紛らわすためであったと語る。

普通の人がやっていることをしたい気持ちの出現，姉に対する思慕の念の芽生え　＃８～13

普段は仕事へ通うのに送迎バスを利用しているが，その日は電車で行こうと思い挑戦したものの，できなかったことを話される。そのような行動をしようと思ったのは普通の人がしていることを自分もしたいと思ったと話される。「電車で行って帰るのは普通の人がしていることですよね？ 普通にみんなと遊びに行ったり……そういうことをしたいなって思って」と言われていた。この‘普通の人がしていること’を意識するようになったのには過去のいじめ体験が影響しており，「その時に私が普通にしていることができれば，はぶかれたりいじめられたりすることもなかったのになぁ」と話されていた。

また，家で休んでいると自分の中で休んでいることに対する罪悪感が出て，焦ってしまうとのことであった。

Aの方からセラピストに持参した日記を見せてくれる。その中には仕事に行った日のことが書かれている。「仕事でバスに乗ったのだけれど，その時に，あぁ，自分は仕事に行っているなって実感したんです。自信になりました」。と話されていた。

また，姉に対する気持ちに変化が生じ，会いたいと思う気持ちが生じてきたとのことであった。そのように考えるようになった理由は自分ではあまりわからないとのことであったが，新しくそのような気持ちが芽生えたのは確かとのことであった。

他院で身体治療をしているが，そこの医師のことを時に母のように感じることがあるとのことであった。医師に生活習慣について注意されると，「知らない！」と少し言い合いのようになると笑顔で話される。セラピストから〈実のお母さんともそのようなやりとりがあったのですか〉と質問すると，「実際はやっていないかな……」と話されていた。**セラピストは母との間でなされていなかった母－娘のような関係が実演されているのかもしれないと感じる。**

また，最近は診察の際に人形を以前のようにたくさん持っていくことがなくなってきたとのことであった。

友人の死と食べ吐きの再開　＃14

Aが仲良くしていた友人が亡くなり最近まで止まっていた食べ吐きが再開したと話される。友人の親から連絡が入り，始発で看取りをしてきたとのことであった。自作した動物と果物の髪留めを棺桶に入れてほしいと思っているとのことである。セラピストに髪留めを見せてくださるが，ビーズを１つ１つとても丁寧に繋いで作られた綺麗な作品であった。

また，その友人が患っていた疾患についてもっと自分でも勉強をしていたいと思っていること，今度，自分の話を聞いてくれると言っている友人がおり，そのような人たちは今の自分にとってとてもありがたいと言われていた。

不調　＃15～30

（目がうつろで不調がうかがえる）主治医に対して自分が伝えたいと思うことを事前にセラピストに話したいと言われる。内容をうかがうとパーソナル・トレーナー（マンツーマン指導をするスポーツ・トレーナー）になりたいという夢があり，そのための大学に行きたいと考えているとのことであった。セラピストから後々，大学に行くことを目標にすることには良いと思うが，現在の身体・精神状態で通うのは難しいように感じると伝えたところ，主治医からも休むことを強く勧められたと話されていた。以前は休むことに対する罪悪感があったが，最近は減ってきたとのことであった。話し合い，自分のしたい予定を入れつつもしっかり休む時間も確保することにする。その次の心理療法で休むことができ，自分の予定もこなすことができたとのことであった。小さいころに重度の多動を伴った自閉症と言われたことがあると話される。母はAを普通級に進学させたが，自分の訛りや体形を馬鹿にされるなどのいじめを受けた。Aはそのことを母に相談したが取り合ってもらえなかった。休み時間になると，毎回校庭にある大きな木に登って隠れていた。セラピストが木に登っていた理由を尋ねると「だってそこなら誰にも見つからないでしょう」と答えた。クラスメイトから運動会を欠席するように言われたり，全体順位が悪いと「足をひっぱった」とAのせいにさせられた。「お前がいたから負けたと言われた。でも私だってしたくてやったわけじゃない！」と流涙しながら話す。セラピストから〈Aさんはみんなの足を引っ張りたいとなんて決して思っていなかった。できることなら少しでも早く走りたかったのではないでしょうか〉と聞くと，何度も頷いていた。

調子が悪く，そわそわして包丁でリストカットがしたくなると話される。その後，友人に相談しショートステイを利用することにしたとのことであった。セラピストからリストカットをしないで済んでよかったと感じたこと，切った後にさらに苦しい気持ちになってしまう可能性があることを伝えた。**このとき，セラピストには友人の死をきっかけに日常のストレスがAの感情・思考などに様々な影響を与えているようなイメージが生じる。**

この時期，主治医に症状への不安から時間外に電話することが増加する。また，体調不良から救急受診が増加する。

箱庭制作を行う（図1参照）。シルバニアファミリーの動物たちが花のある川の畔でピクニックをしている。左下には洞窟，左上には動物たちの家がある。制作後，自分もこの箱庭の中の人形たちのように家族とピクニックなどをしたかったと感想を述べる。また，使用した人形について以前に自分が持っていたものと同じものであったと話す。「この人形は私が昔，持っていたものだったけれど，今はお姉ちゃんの家にあるんです。でも今はお姉ちゃんに会えないからこの人形も手元にはないんです」と言われる。セラピストは〈じゃあ今日ここで久しぶりに会ったのですね。このウサギさんは私がどこかに行かな

図1

いように守っておきますね〉と言うと，頷かれていた。

調子が悪いのは持続しており，やる気がおきず自傷したい感情も依然あると話される。しかし，自傷はなんとか自分の意思で抑えられているとのことであった。セラピストとどうして自傷したいという気持ちが起きるのかを検討したところ，自分は自立しておらず社会に迷惑をかけているという思いがあり，時々自傷したいと思ってしまう，また自傷した後に自分の血を見ると自分が生きているということを実感できると話される。その話をした後，A は暫く沈黙する。ふと「でもぬいぐるみたちがいるから自分は生きないとね」と言い，セラピストから，もしも A がいなくなってしまったとして，ぬいぐるみたちはどのように感じると思うかを尋ねた。A はきっとぬいぐるみたちは自分がいなくなったことを寂しいと言うと思うと話す。**セラピストは A が無理をしているような感覚と共に生きることを言葉にしたことによる安堵，具合の悪い A を受容しきれていないのではないかといった不安が感じられた。**その後，案じたとおり主治医の診察で足の裏をわずかではあるが自傷していることが発覚した。

家にいると時計の秒針を刻む音と自らを浄化しろと命令調の幻聴が聞こえるようになり，主治医に入院を希望したが，外来治療で加療する方針を伝えられ，辛い気持ちになったとのことであった。自分の体調がどんどん悪い方向に向かっているように感じられ怖いと話す。セラピストから A が体調が悪い方向に向かっていると感じ，本当に怖くてなんとかしたいと思っているように感じること，その中でも主治医と決めた方法で治療を頑張って行っていると思うことを伝える。A は「私は頑張っているのかな……？」と言われ，セラピストは頑張っていると思っていること，また，希望どおりの入院にはならなかったが，外来の中で心理療法も並行しできる限りのサポートをしていきたいと考えていることを伝えた。この頃から時折声が出なくなり会話が難しくなることがあるという理由から受付でタブレット端末を用いて来室を伝えることが生じる。しかし心理療法では特にそのようなことはなくこれまでどおり話をする。

夢の報告をされる。A と母が空港ではぐれるが，最後に出会って抱き合うという内容。もう 1 つは婚約者と病院の外来で会うが，向こうには付き添いの者がいるためその者が見ていない時に手話で話をするという内容であった。その 2 つの夢について「自分のそばから離れないでほしい，寂しい」と感想を述べられる。セラピストから〈今，A さんはとても寂しい・悲しいと感じているのでしょうか。人との繋がりのようなものを求めているような〉と尋ねると，同意されていた。寂しい・悲しいと思う理由についてさらに検討すると，最近は主治医との外来で自分の分身である人形が高い高いをしてもらえていないように感じると話されていた。高い高いは A にとってどのような意味があるのかを話し合ったところ，小さいころに A は大人に高い高いをしてもらい，とても嬉しかったとのことであった。**セラピストには A にとっての**

人形はAの分身であり，その人形が大切にされることは自分が大切にされているということと同様の意味を持つのではないかと感じられた。また現在，不調が持続しており，Aの対人希求性が非常に高まり，過去・現在の親しい者と近づきたいが近づけない葛藤などが夢に表現されているように感じられた。

体調が悪く，面接の中でずっと流涙する。幻聴から逃げたいのにできない，入院したいができない，リストカットもしたい気持ちになると話される。セラピストの目の前で自分の手をひっかき，量はわずかであるが流血する。「ごめんね，こんな風になっちゃって」と言われる。セラピストは〈それほどまでAさんが今，辛いと感じているのだと思う。ここでは好きなだけ泣いてもいいですよ〉と伝える。この頃，希死念慮・入院希望を主治医に伝えるために電話することも増加する。また，身体的には疲労しているものの，家にいてもつまらないが外には楽しいことがたくさんあるからと予定を詰め，疲労が蓄積され体調が悪化してしまうことが繰り返されていた。**セラピストにはAの身体的疲労があっても予定を入れ，さらに体調が悪化するという行動の背景には#8〜13で語られたような休むことへの罪悪感や自身の内的な不安を抱えることの困難さ（予定を入れることは不安に対するコーピングの1つとも考えられるが）が関与しているように感じられた。身体面を考慮すれば休息は必要であるものの，心理面を考慮するとその実現は難しく，代理の対処方法を提案しない限りは状態をさらに悪化させることになる危惧もあり，セラピストは何も具体的な行動に移せないジレンマの感情を抱きながら当時，面接に臨んでいた。**

心理療法の開始とともに猫のような手の形をして「とりあえずじゃれます」と言ってセラピストの手に触れる。セラピストは〈今は甘えたい気持ちが強いのですかね〉と聞くと「そうなんです」と言う。数十秒ほどそれを続けるが，暫くすると治まり，近況について話される。**セラピストは退行的な行動に対し，それを許容することの是非を迷いながら対応していた。このような行動を許すことはAの退行的行動を促進することになってしまうことを危惧したためである。しかし，その一方でこのような退行的な行動が生じるのには生じるなりの何らかの理由があり，その見当もつかない内に退行的行動が悪いものだからという理由で禁止することにも疑問が残った。この時点ではAは友人の死から非常に心理的に混乱し不安が強い状態であることを察することができた。また，Aの周囲のサポート体制を考えた時，生活面・医療面はそれぞれ必須の援助が導入されていたが，心理的なサポートとしてはこの心理療法が中心を占めていたため，悪性退行のリスクはあったものの，それを覚悟したうえでAの退行的行動を受け止めることにした。**

低め状態での安定と姉との関係の回顧　＃ 31 〜 44

最近，幻聴が灯油を売っている車がラジカセで流しているような音に変わってきたと少し笑みを交えながら話される。主治医と話をした時に最近は調子が低いかもしれないけれど，安定しているところもあると説明を受けたとのことであった。以前は休むことをせず動き回って体調が悪くなり，姉からのメールに反応し包丁を振り回したことがあったが，その時は確かに体調が悪かったのだと思うと話す。そして今はこの先もっと良くなりたい気持ちが生じているとのことであった。事故に遭ってから 20 年以上が経ち，いろいろなことがあったなかでよくここまで生きてこられたと思うと過去を回顧されていた。その中で姉との過去のやりとりを話す。A がまだ小さかったころ，姉は自分に接する時，お姫様のように扱うように強要してきた。また当時の A には難しいことを頼み，できないと暴力を振るわれていた。成人になってからは姉がグループホームに入居し，別居することとなったが，時々お金を無心されることがあり，貸せないと言うと包丁を持ち出され「それならあなたを殺して自分も死ぬ」と言われたことがあった。その時はたまたま人が助けてくれたが，もし自分一人だったら，今ここに自分がいることはあり得ないと思うと話されていた。

昨日，「主治医にポコポコと当たっちゃった」と話される。そのような行動をとった理由を尋ねると，自分がこんなに体調が悪いということを伝えたかったとのこと。セラピストが甘えたい対象は誰なのかを聞くと主治医とセラピストとのことであった。**セラピストは以前に報告された夢から，A が強い寂しさを感じていると思われたこと，不安定な状態から少しずつ改善してきており退行的な行動を促進してしまう危険性はあるが，一度，心理療法の中で可能な限り抱え，状態がもっと改善された際に自立的になれるよう促していくことを考えた。**A に甘えても構わないということを伝えると，猫の手のような形を作りながら真似をしながらセラピストの手に触っていた。

姉との電話のやりとりで叱責されて落ち込んだと話す。また最近，以前使っていたタブレットを解約したとのことであった。セラピストが解約した理由を尋ねると，タブレットに頼りすぎていたと思い，解約したと話されていた。セラピストから自らの行動を振り返り，自分なりに良くなろうとしているように感じられることを伝えたところ，「私もそう感じる」と答えていた。

現実が楽しめていないように感じると話される。自宅に引きこもっていることが多く，外出するとおう吐してしまうのではないかという恐怖感があり，外出できないとのことであった。また，幻聴やリストカットも依然持続しているとのことであった。「時々，自分のことをぶっ刺したくなっちゃうことがある」と話す。セラピストがそのような気持ちになるのはなぜかを聞くと，なんで自分がこんなに苦しいのかその理由を知りたい，自分には生きている価値がない，社会の荷物になっているとつい思ってしまい，自傷をしたいと思ってしまうと言われる。しかし，そのような自傷行為をした後，自分に何度も「ごめんね」と謝っているとのことであった。セラピストが〈それは自分で自分のことを大切にできなくて，何度もごめんねと謝るのでしょうか〉と聞くと，同意されていた。**セラピストはＡが自分を大切にしたい気持ちもあるが，その一方で自分に無価値感を抱えていることは，とても辛く複雑な気持ちであるように感じられた。**セラピストから〈自分を大切にしたい気持ちがあるのに，自分を傷つけてしまう。その両方に挟まれてとても苦しいのではと感じました。私はＡさんに知ってほしいことがあります。それは私はＡさんのことをこの心理療法に来るクライエントとして大切に思っているということです。だからやむをえない事情があって自分を傷つけてしまうというのは，重々承知ではあるけれど，やっぱりＡさんが自分を傷つけたり自分に価値がないと感じていることを知ると同じように辛いし苦しいです。そして私はこの心理療法を通じでＡさんの良いところを知っているし，ちゃんと大切にされる存在だと思っています〉と伝えた。それを聞き，ポツリと「私は大切にされる存在なんだ」と話される。その後，人形を取り出し，「高い高いをしてもらっていいですか」と言われたため，〈もちろんいいですよ〉と言い，応じる。

箱庭制作を希望される（図２参照）。ピアノを弾いているウサギ，その後ろでチェロを持ったリス，何も持っていないで座っているウサギがいる。制作後に「これは第九の喜びの歌を歌っているんです。みんなでいられて嬉しいと言っている。いいですね。それ以上に嬉しいことってないよね」と感想を自ら述べられていた。

その次の回も箱庭制作を希望される（図３参照）。ハンモックで寝ているウサギの人形とその傍で腰かけたウサギの人形が置かれる。また，鹿の親子が３匹いる。制作後の感想は特になかった。

主治医から低めの状態で安定していると説明を受けているが，その意味するものが

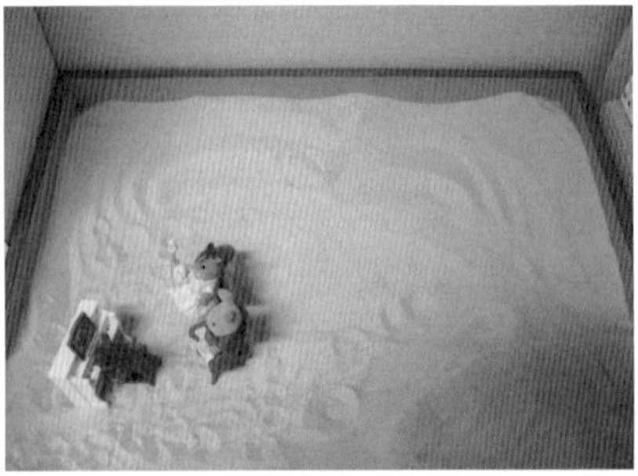

図２

図３

いまひとつ理解ができないと話す。セラピストとこれまでの調子が悪かった時期と現在の状態を比較しながら，低めの安定について話し合う。それに対して「確かに前の時に比べると休み方を覚えたのかなと思う」と話し，無理をして何か発作を起こしたりするよりは今の状態の方がいいと感じると話されていた。

この時期，それまで頻回にあった主治医への電話や救急受診が止まる。

自ら歩くようになる・どこまでできるか知りたい気持ちの芽生え　＃45～53

仕事に行き，お気に入りの動画を観るなどしながら楽しんでいる。身体が重く怠い感じがあるが，それでもなんとかやっている。セラピストから最近の気持ちの状態について質問すると，最近は前よりも心がざわつくことがなくなり，幻聴もほとんどなくなったとのことであった。リストカットについては切りたい気持ちがまったくないわけではないものの，切ることをせずにやれているとのことであった。

この日，相談室にいつもの車椅子ではなく，杖を突きながら歩いて来られていたため，そのことを話題にしてみたところ，「車椅子が壊れたから今日は歩いて来ました。主治医にも驚かれた。いつもそんな反応はしないんです。でも複雑な気持ちで」と言われる。複雑な気持ちについて聞くと，主治医には車椅子を修理してまた使おうと思うと話したところ，自分で歩くことを提案されたとのことであった。セラピストから〈歩くことについてAさんはどのように思っているのでしょうか？〉と聞くと，自分で歩いてみたい気持ちがあること，しかし，最近までほとんどの場所を車いすで移動していることから疲労して途中で帰ることができなくなってしまうのではないかといった怖さがあるとのことであった。セラピストから歩いてみたい気持ちが出てきたのはなぜか問うと，「自分がどれだけできるのかを知りたい」とのことであった。

主治医との診察で入院したいという希望を伝えたが，主治医からは「今は入院をするタイミングではないよね」と言われ，入院は断られたとのことであった。セラピストとAで入院したい思いがどうして生じるかを検討してみたところ，その背景に甘えたいという感情が存在していることが明確になった。入院すると医師や看護師などに手厚く保護してもらえるため，そのような甘えられる環境を得られることになる。入院したいというのは＝甘えたいという表現の一形態であるということを共有した。セラピストの方から入院は叶わなかったが，外来治療という枠組みの中で自分の甘えたい気持ちなど自らの思いを自由に表現することができているかどうかを確認したところ，「甘えたいという気持ちはところどころで出している。話をちゃんと聞いてもらっていると思えているから大丈夫」と答えていた。

主治医との診察で「少しずつ人間の大人に近づいてきましたね」と言われたことに対し，「がっかりした」と話される。Aの中では大人になるとこれまでのように甘えたりすることはできないと感じているとのことであった。「私は猫だからわからないもん！猫の年齢だと6歳だからわからないもん！！」と言っておられた。セラピストから〈Aさんは猫の年齢だと6歳ですものね。まだ大人でないから大人のことはわからないというか〉と伝えると，同意されていた。**セラピストはAの中で自立したい気持ちとこれまでどおりの猫として甘えたい気持ちが葛藤しているようなイメージを感じながら聞いていた。以前のAであれば大人になるというトピックを心理療法の中でこのままでいたいという気持ちと併せて考えることはしてこなかった。自立的な方向に少しずつ気持ちが動きつつあるが，その反面変わることに対する恐怖感も大きいものと思われたため，セラピストとしては大人として振る舞うことを促すなどはせず今のAの気持ちを理解し，ついていくことを意識した。**

婚約者と会ってきた。婚約者の退院が決まり，Aに「必ず迎えに行く」と言ってくれたとのことであった。それを聞いてAはとても嬉しい気持ちになり，「わがままで泣き虫で弱い，そんな自分のことでも好きに思ってくれる人がいると思えたと話していた。これまでにそこまで自分のことを思ってくれる男性はいなかったとのことである。セラピストから〈彼はAさんの弱い部分も含めて好きで一緒にいたいと思っているのですね〉と伝えたところ，嬉しそうに頷かれていた。

再契約　＃54～59

心理療法を開始してから1年以上が経過し，当初に立てた，①姉との距離をとること，②食べ吐きの再発への不安の2つの主訴がどこまで改善したかの確認を実施した。①については現在も姉からはたまに連絡が来ることはあるが，メールは別のボックスに移動するように設定し，電話が来ても取らないようにしているとのことであった。また電話に出たとしても以前のように調子を崩すことはなくなったとのことであった。②については心理療法を始めて自分の気持ちを言葉にするということを続けていくうちになくなってきたとのことであった。当初の心理療法の目標はある程度達成されたため，心理療法を終結する話も話題に出たが，終結には迷いがあるとのことであり，心理療法を続ける場合には新たな目標が必要であることを話し合った。セラピストの方から最近，大人になる・人間になることについて時折話題になることがあるが，そのことについてどう思うかを聞いてみたところ，「なれるものなら人間の大人になりたい。でも猫のままがいいと思う自分もいる」とのことであった。また，「身体の重さや怠さはあるが，自分のちょうどよい体調の具合を把握し，もう少し元気に楽しく過ごせるようになりたい」と話されていた。

スポーツセンターに行き，その後に糖尿病の治療をしてくれているクリニックに行ったところ，検査数値が改善し褒められたとのことであった。また体重も10キロ減り，最近は以前とは食生活が変化し，野菜スープを毎日食べるようになった。

人形の数が以前は８匹だった頃から今は２匹になったと話される。セラピストがそうなったのはなぜかと思うかを尋ねると，「最近は寂しいのが減ったんです」と話していた。**セラピストには A は少しずつ情緒的に安定してきており，寂しさが減ってきているように感じられていた。A にとっての人形は自分の代理でもあり，寂しさを理解するうえでの指標となりうるのではないかと考えた。**

眠気の増加・猫として振る舞うことについて　＃60 〜 73

最近，眠気を感じることが多く，そのことに対して不安を感じるとのことであった。そのような状況に対して「寝て過ごすような日もあるか」という気持ちの一方で「こんなことをしてていいのか」という思いに苛まれるとのことである。眠気がもう少し減ってほしいと感じているとのことであった。セラピストから１年前は眠気を訴えることはほとんどなかったこと，しかしその一方で休憩を入れずにかなりの疲労になるまで活動し続けていたが，その頃と比較して現在をどのように捉えているかを聞いてみたところ，「あの頃は自分でもおかしかった，はしゃぎすぎていたと思う」と話しておられた。

心理療法の中で自分の甘えたい気持ちについて話せていないかもしれないと言われる。セラピストからその理由を尋ねてみたが，思い当たる理由が見つからないとのことであった。セラピストの方から〈実は私も思っていたことがありました。そのことについて意見を聞かせていただけませんか。もしかしたら A は猫ではなく，人間の自分として相手に甘えた時に拒否されることを恐れているのではないかということです。猫として甘えればそれは仮に拒否されたとしても人間としての A が拒否されたことにはならない。その恐れがあるから猫として甘えるということをされているのかなと〉と伝えると，「それはあります。こういうことを言ったらダメなんじゃないかって気にしています」と言われていた。**セラピストは人間としての自分が拒否されるという恐怖感はこの治療関係の中でも生じているように感じられた。**セラピストから A に対してはセラピストが拒否するつもりはないこと，立てた目標が達成できるようにできることを精いっぱいしていきたいと思いながら毎回の心理療法に臨んでいることを伝えた。それに対し最初「本当？」と少し戸惑っているような様子もあったが，最後には流涙されながら「私はこのカウンセリングの中で自分の言いたいことを言ってもいいんだなと思えました」と話されていた。

面接には歩行で来る時と電動車椅子で来る時があったが，電動車椅子を修理に出していたため，この日は歩きで来られていた。セラピストから歩くことについてどのように感じているかを尋ねたところ，歩きたい気持ちはあるが足に痛みがあるせいもあって，踏みとどまってしまうことが語られた。「でも……もし歩けるようになったら新しい世界が見えるかな？」と言われ，セラピストも新しい挑戦をすることで新しい世界が見える可能性はありうることを伝えた。まだ歩くことに対して恐怖感があり，まずは杖を補助的に用いながら取り組みたいとのことであったため，セラピストからAのやりやすい方法とペースで少しずつ練習してみる方法を提案してみたところ,「また前みたいに歩いてみたい気持ちになったからやってみます」と話されていた。

（これ以降，外来通院には歩行で通われるようになる）。

人間と猫の中間の状態から人間になりたい気持ちの芽生え　# 74 ～ 77

主治医との診察で甘えたい気持ちから猫になり，主治医に爪を立ててしまったと話される。主治医から猫ではなく，人間として診察を受けることを提案されたことがあったことからセラピストがそのことについてAがどのように考えているかを尋ねてみたところ‘今は人間と動物の中間にいるような感覚’と話される。現在，食べ吐きは治まり過量服薬や飲酒もせずにすんでいるが再開してしまうのではないかと不安になるとのことであった。食べ吐きをしたくなる時にはもやもやしたり消えてしまいたい気持ちが関係していると話される。セラピストの方から〈先ほど診察の時に猫になった話を聞いて思ったことについて聞いてみてもいいでしょうか。動物ってよく本能で生きていると言われますよね。だから自分のしたいことがあると，それに従って行動にすぐ移るところがあると思うのです。人も動物ですけれど，人間の場合は本能に従ってすぐに行動するのではなく，なんとか自分でコントロールするところがその他の動物と決定的に違うところなのかなと思うのです。それと関連つけて考えるとAさんは今，猫という本能に従いたい動物の部分と同時に本能をコントロールする人間の部分も出てきた。だから食べたい，食べ吐きをしてしまいたいとか本能的に思ってもそれをなんとか自分の力でそれをしないでできるようにもなってきた。ただ，まだその中間にいるため，自分の中でもやもやしたり，大丈夫なのかなと悩んだり不安になられている〉と伝えたところ，「それはあると思う」と話されていた。セラピストの方から猫から人間に変化することは，Aが今抱えている不安を減らすうえでは役に立つ側面もあるが，それは一方で今までやってきた猫の自分を辞めなければいけないことも含んでいることを伝えたところ，「今までやってきたことを辞めることはこれまでの自分がなくなってしまう気がして正直怖いです」と話されていた。セラピストの方からは〈これまで自分がしてきたことを辞めて他のものに変えるわけですものね。怖いと感じるのはもっともだと思います。私はもしもその変わることに対する気持ちがあまりにも強すぎるのであれば，あえて変わるということはせず猫の今のままでいるという選択もありなのではないかと思っています。でもその場合は，今の状態が続くことになるので現在，抱えている不安なども持続することになるのではないかと思っています。難しい選択ではあると思います。でもこの件についてどうするかを決められるのはAさんだと思っています。私はその選択を支持したいと思っています〉と伝えた。Aは暫くそのことについて考えた後，「このまま動物でいることは今の状態が続くということなんですよね……。怖い気持ちは正直あります。でもやっぱり自分は人間になりたいと思います」と言われていた。**これまでは自分のことを‘猫’と言っていたが，現在はその中間状態にいると話される。猫のように思うままに過ごしたい思いと人間という社会化された存在になりたい思いの間で葛藤する感情が存在しているように思われた。変化することについての決定権をもつのはAであることを伝え，セラピストはその選択に従いたい気持ちであると感じ，そのことを伝えた。**

夢の報告をされる。母が自宅の窓から入ってきて「心配になって見に来た」と言われる夢とのことであった。その夢が意味していることを話し合ったところ「お母さんと私はずっとべったりと近い関係だったんです。でもお母さんは私に『ずっと一緒にいるのはAにとってよくない。だから少し先で待っているね』という意味でそう言ったのかもしれない」と感想を述べていた。セラピストから〈Aさんの中でずっと一緒にいる……ずっと甘えているのはよくないのではないかという思いがあるのでしょうかね〉と伝えると，「そうですね。でもやっぱり怖いし不安です。ただなれるなら人間のお姉さんになりたいと思います」と話しておられた。**セラピストは夢の報告について猫から人間になるというテーマには，Aの自立に対する不安・恐怖というものが関係しているのかもしれないというイメージしつつ話を聴いていた。**

主治医の交代と自宅での退行　＃78～82

主治医の異動と交代の話があり，とても悲しい気持ちであることを話す。今の主治医の前では，猫として振る舞えるが新しい主治医の前ではそのような自分が出せるか不安とのことであった。これまでの主治医との治療について話し合ってみたところ，自分と同じ目線に立って疾患についてきちんと説明してくれたこと，食べ吐きやヒステリー性の痙攣も生じなくなったことを振り返っておられた。セラピストから主治医との別れについて改めてどのように感じるかを尋ねてみたところ「寂しいけれど，これまで治療でやってきたことが無駄にならないようにやっていこうと思っています」と話していた。

自宅にいる際に布団に入ったままなかなか出ることができず，ずっと横になっていると話される。支援者会議ではそれを減らすようにすることを目標にしたようだが，なかなか，減らすことができないとのことであった。セラピストがAのとる行動の裏にどのような意味があると思うかを話題にしてみたところ，「布団に入っているのは今の状態を維持するためにやっていると思うんです。だからそれを辞めてしまったら維持している状態が保てなくなると思う」と述べていた。

人間として生きることの葛藤　＃82～91

セラピストから以前にAが心理療法の中で甘えたい気持ちから動物になっていること，少しずつ大人になりたい気持ちが芽生えていること，甘えるということを辞めたい思いが出てきたということであるのかを確認した。それに対し甘えたい気持ちはずっとあり，それを我慢している。しかし，その感情がいつか強くなって爆発してしまうのではないかと不安に苛まれることがあるとのことであった。セラピストから甘えたい気持ちは人として当然の感情であり，なくす必要はなく，その表現の仕方が大切であることを伝えた。また相手に甘えたい気持ちを伝える様々なバリエーションのものがあることを伝えた。〈例えばですけれど，何か大変な状況の時に『私は猫だからダメなんです』と言ってもなかなか受け入れてくれない人もいるかもしれません。でもそれを『今，ちょっと大変な状況なので○○をお願いしてもいいですか』といった言い方で他の人に甘えることもできるんです〉と伝えると，Aは甘えたい感情をなくさないでも良いことに少し驚いたようで「そうなんですね！」と言われていた。またセラピストが提案したやり方にも同意され，「それならできるかもしれない」と感想を述べられていた。しかし，実際に年齢相応に甘えるということに対して具体的にイメージしきれない部分もあるようで，「まだ自分には難しいと思う部分もある」とのことであった。セラピストから〈現在，自分にとってあまりにもハードルが高いと感じるのであれば，無理してやろうと思わなくても大丈夫ですよ。Aさんの中では猫でいることはまだ必要と感じる部分もあるけれど，いつかはそれを辞めないとならないと思ってきている部分も少し出てきているということでしょうか〉と伝えたところ，同意され以前は自分が大人として振る舞うということに対してまったく意識していなかったと話していた。

夢の報告をする。母とディズニーランドに行ってきた。母は夢の中でお気に入りのアトラクションに乗れてとても楽しんでいたとのことであった。夢の報告の連想の中で病床の母を看取った話をする。それまで母は姉にかかりっきりであり，Aは母の看病をしつつも母を独占しているような気持ちでいたと回想していた。セラピストの方から，当時のAは本当は母を独占したい気持ちが強くあったのではないかということを伝えた。また，心理療法や主治医との診察の中で生じる甘えたい気持ちには当時，甘えられなかったという経験が影響している可能性について尋ねてみたところ「うん。それは自分でもそう思う」と言っていた。セラピストから現在の甘えたいという気持ちと母への甘えたかった気持ちが関係しているかもしれないということに対してどのように感じるか聞くと，「私は実際にお母さんを独占するぐらい甘えるということはできなかったけれど，夢の中では叶えられた。それについては良かったのかなと思う」と述べていた。**セラピストはAが治療関係の中で生じている感情を過去の母子関係が転移されたものと推測し，その理解を伝えた。また，この話題を通じて主治医やセラピストとの間で何度も生じてきた甘えたい気持ちの背景にある1つの要因が明確になったように思われる。セラピストには過去の心理療法における語りからAと母との心理的距離はそこまで遠いものではなかったように感じられていた。しかし，Aの心的事実としてそれは十分なものとして感じられず，どこか寂しい・物足りないものとしても感じられていたのかもしれない。**

自分のするべきことができるようになりたい気持ちの出現　#92～110

倦怠感があり，入院したい気持ちが強くなったこと，入院したい思いには誰かに甘えたい気持ちがあることを話される。セラピストから〈Aさんにとってそれぐらいしんどいと，今，感じているんですね。でもここで仮に入院したとしても，また体調が悪化してしまったら入院したいという気持ちになってしまう気がするのですが〉と伝えると，「そうですよね」と話す。セラピストから入院したい気持ちがありつつも，外来のみで治療を続け，少しずつ自分が人間として生きるというテーマを明らかにし実現できるように頑張ってきたこと，以前のようなたくさんの予定を詰めて体調が悪化することがなくなってきたこと，自分で歩いて通院したりと様々なことが変化してきたことを伝えた。また，入院することが本当に甘えたい気持ちを満たすことになるのかを確認してみたところ，「それはたぶんできないと思う」と話しておられた。また最近，職場で他の者から甘えていることを指摘され，恥ずかしい気持ちになったとのことであった。

自分のするべきことができるようになりたい気持ちが生じ，仕事に余裕をもって行きたいと感じるようになったと話す。現在はギリギリの時間まで起床しないことから家を出る時間にも支障をきたしているため，いつもよりも30分早くに起きて行動をしたいとのことであった。セラピストと一緒にその目標を共有し，心理療法の中で確認していくこととなった。

その後，起床時間を早めてみての感想を聞いたところ，仕事中の眠気がいつもよりも軽減されたとのことであり，今後も続けていくことになった。

最近，内分泌科の主治医から順調に体重が減少していることを褒められたとのことであった。以前の食生活は食事量もかなり多く，栄養バランスも特に意識しなかったが，ヘルパーの協力を得ながら野菜スープを食べているとのことである。当初は食事形態の変化から以前よりも食べられなくなっているのではないかと不安に思うこともあったが，現在の習慣に慣れていくにつれ，そのような不安も減ってきたと話されていた。「前の食べ方はおかしかったのかなと思います。今も食べ吐きをする心配はあるけれど，良くなってきたのかなと思います」とのことであった。セラピストから最近，心理療法の中で以前に比べて猫になることが少なくなってきたことをお伝えしたところ，「そうですか？」と意外そうな反応をされていた。最近は心理療法の終了後にハイタッチを求めることがなくなり，代わりに「ありがとうございました」と言葉を述べてから帰宅していることを伝えると,「私,少し大人になっているのかな。最近,この心理療法の中で自分は大人なんだって思うようにしているんです。この中で甘えすぎないようにと思って」と話しておられた。自然とそのように感じるようになったとのことであった。

姉と母の命日に会ったことを話される。特に大きなトラブルもなく家族で時間を過ごせたとのことであった。**セラピストは来室当初は難しかった姉との関係が少しずつ安定したものになってきたように感じた。**

夢の報告をされる。過去に付き合っていた彼氏と結婚式を挙げる夢とのことであった。現実ではその彼と別れることになり連絡を取ることもないとのことである。セラピストからAに夢の内容から連想することを聞いてみると，過去に付き合っていた彼のことが好きだったこと，同時に現在，交際している彼もおり，できれば今の彼に夢に出てきてほしかったと話される。「私は今の彼と結婚したいんです。彼とならどんな困難があっても乗り越えられかもしれないと思うんです」と話しておられた。セラピストから,〈今度はAさんが幸せになる番ということですかね〉と伝えると,「そう。今度は私が幸せになる番です」と言われていた。**セラピストには夢の中にAの自分が幸せになりたいという人生への希望が表現されているように感じた。Aにとっての幸せというのは1つは結婚というイメージで表れているようであった。現時点で幸せになるというテーマは抽象的でまだ漠然としたものではあるが，現在の生活の中で少しずつ希望に沿った方向に向かっていけるよう面接を展開していきたいと思っていた。**

久しぶりに楽しみにしていたイベントに行ってきたとのことであった。イベント翌日は疲れてしまい，食事もせずに寝ていたとのことであった。しかし，平日には決めた時間に起きて，仕事に行くことができたと話される。セラピストから今回はイベントに行った後に休むことができ，また，自分のするべきことである仕事にも行けたこと，これは心理療法を始めた当初はできなかったことであると伝えたが，Aとしてはあまりその実感はないとのことであった。

姉への思い・甘えることができないことへの寂しさ　＃ 111 ～ 117

姉の体調が悪く，攻撃的な言動をされ辛い気持ちになったと話される。姉をすごく好きな気持ちと，すごく嫌いな気持ちの両方があるとのことであった。すごく好きな姉は「姉妹で支えあっていこう」と言ってくれる姉である，すごく嫌いな姉は「自分が事故に遭ったときにそのまま死んでしまえばよかった」と言う姉とのことであった。セラピストから心理療法当初，姉との距離がうまくとれず包丁を持ち出した話を話題にし，その時の姉は A の中のすごく嫌な姉として映っていたのではないかと聞いてみたところ，同意されていた。セラピストから当時，姉を殺すではなく，姉を殺して自分も死ぬと言ったのはどうしてだったのかを尋ねたところ，姉が死んだら自分は唯一の肉親を失ってしまうこと，自分が一人ぼっちになってしまうと思ったからとのことであった。A にとって姉がいないことは世界にぽかーんと穴が空いたように感じられるとのことであった。

仕事には決めた時間に起きて行けるようになった。しかし，表情が暗く落ち込みが強い印象を受けた。そのことをセラピストが伝えると「前に私が猫の状態になって甘えることが少なくなって大人になっているって言っていましたよね？その後に本当に私はそうなったのかなぁと思ってしまって……」と言われていた。自分自身では過去に比べて少し自分が大人に近づいたように感じること，大人になったことをセラピストから伝えられたことは嬉しかったが，同時に寂しい・悲しい気持ちが伴っていたことを話す。また，自ら猫として振る舞うことの意味は相手に対する警戒の意味と純粋に甘えたい気持ちの表現としての意味があるとのことであった。特に前者については相手が猫として振る舞う自分のことを受け入れてくれるのかを見極める意図があるとのことであった。

今も自分は猫そのものであると感じることがあり，以前は猫を辞めようと思っていたが，その気持ちに変化が生じてきたと語る。現在は自分の猫の部分が多少は残っていてもいいのではないかと感じるとことであった。セラピストも完全に猫を辞めることをしなくても良いと思っていること，その中で大人になれる部分が拡大していけばいいと思っていることを伝えた。**セラピストはこれまでの心理療法過程を通じて A が今の状態から変化することに対して葛藤した気持ちをずっと抱き続けているように感じた。特に＃ 74 ～ 77 で言っていたように，A が猫の状態を辞めて変化することには「今までやってきたことを辞めることはこれまでの自分がなくなってしまう気がして怖い」という多大な恐怖感が伴っていると思われたため，必ずしも猫を辞める必要はないという方向を残しておくことも重要であると思い，猫を完全に辞めないことを支持した。**

新たな目標と猫として甘えたい自分と大人の自分　# 118 ～ 134

イライラし，自分を傷つけたい気持ちになってしまうと話される。それと同時に入院したい気持ちが高まってしまうとのことであった。# 92 ～ 110 で入院したい思いには甘えたい気持ちが関係していることを話題にし共有したが，セラピストから入院したい他の理由を尋ねると過去に体調が悪かった時に入院したことがあり，その際何も考えずに済み，また速やかに体調回復したことから今回も入院したいと思ったと話されていた。セラピストからは〈A さんにとって入院することは今，色々と考えていることを考えないで済むわけですものね。それが入院によって叶うのだから入院したい・入院が魅力的に感じるというのも無理ないと思いました〉と伝えた。また，現在，入院したいぐらいしんどい思いや甘えたい思いがあることを確認したうえで，入院は確かに一時的な状態の改善には良い方法であるが，同時にそれは体調が悪化した時に再び入院を繰り返すことになることを懸念していることを伝えた。それに対して「それは主治医にも言われたことがあります。たとえ入院をしたとしても後から苦しい思いをするのは A さんだよって」と言われていた。セラピストからそう言われた時にどのように感じたかを尋ねると，その当時はそれでも入院したいという思いが強かったこと，しかし，今は一時的に入院しても入退院を繰り返すことになるのであれば，このまま外来治療を頑張ってみようと思うと話されていた。**セラピストには A の入院の気持ちには現実的生活で生じる辛さからの逃避・否認の意味をもつように感じられた。**

遠くにあるスポーツジムに行きたいと思っていることを話される。そこには A が先生と慕うインストラクターがおり，その人に会いたいとのことであった。しかし，そのスポーツジムは遠方にあるため行けるかどうか，また行った後に体調が悪化するのではないかといった不安があるとのことであった。

自分でも理由はわからないが，無性に寂しい気持ちに苛まれることが多いと話される。そのような寂しさを感じるようになったのは高校の頃にずっと心の支えにし，大切にしていた人形を母に捨てられてしまった頃からとのことであった。その時，とても悲しく捨てられてしまったことを怒りたい気持ちもあったが，怒ることができなかったこと，現在は新しい人形が代わりに自分を甘えさせてくれると話していた。現実生活では恋人やヘルパーなど定期的に会いサポートしてくれる人達がいるが，その人たちと別れた後に寂しさが生じるとのことであった。その話題の後 A からセラピストに対し「甘えていいですか？」と聞く。セラピストから〈正直，少し悩んでいます。ここで以前のように『いいですよ』と言って甘えさせてあげるのは簡単です。でもそれが本当にあなたにとって良いのかを考えるとそうではないような気がするのです。これは入院したいといった話のテーマの時も少し話題にしましたが，ここで甘えさせてあげたとしてもそれは結局のところ短期的に心が満たされるにすぎないように感じるのです。この心理療法においてAさんがその寂しさを扱わないのであっていいのなら，ここで甘えても構いません。でも，もし自分の抱えてきた寂しさを今後，少しでも違ったものに変えていきたい・違ったものにしていきたいという思いがあるのであれば，その気持ちをすぐに行動にして満たすのではなく，ちゃんと自分の言葉にし，自分はどうするのか，どうしていったらいいのかを考えていくことが必要だと思います。どうするかはAさんが決めたほうがいいと思います〉と伝えた。それに対しAはしばらくの沈黙の後に，甘えたい気持ちはあり，正直とても迷ったが今の自分にとってはすぐに甘えることをしないで言葉にすることをした方が自分には必要と思ったとのことであった。セラピストから以前は（＃15～30）Aが甘えたいと言い，退行的な行動をとった時にそれを許容していたが，その時は状態が現在よりもかなり大変であったこと，しかし現在はその時よりも互いの間で回数を重ねた心理療法を行い，退行的行動でない違った方法を検討してみる必要性もあると思われることを伝えた。

その後の心理療法でもセラピストに対し猫の振る舞いをしながら，じゃれてもいいかを確認することは繰り返しあったが，セラピストが甘えたい気持ちを確認し，そのことを共有するとすぐに治まり通常どおり心理療法が始められるようになった。この頃Aは心理療法を開始するとすぐにセラピストに対して甘えたいという気持ちを表出していたが，セラピストからこの心理療法をどう受けることになっているかを確認すると「人間として受けます。でも自分としては人間と動物の半分半分という感じです」と話していた。

最近またそろそろ甘えるのを辞めないといけないと思ったと話す。**これまでも甘えたり動物のように振る舞うことを辞める・辞めないと逡巡していたが，現在も行きつ戻りつを繰り返しながら自分のテーマを向き合っているようにセラピストには感じられた。**

また，＃54～59で，「身体の重さや怠さはあるが，自分のちょうどよい体調の具合を把握し，もう少し元気に楽しく過ごせるようになりたい」という目標を立てた。少しずつであるがスイーツを食べに出かけたり好きな動画を鑑賞して楽しめており，その時は倦怠感を普段より感じていないことに気が付くようになってきた。

しかし日常の倦怠感が持続し，イライラと眠気が強いと話される。その時は家のことができず，このままの生活を続けていて良いのだろうか，大丈夫なのだろうかと疑問に感じるとのことであった。Aにはヘルパーがおり家事サポートをしてくれているが，そのように考えることが多いという。**セラピストには現在のAを＃15～30の時に家での現実的な生活よりも外界の楽しさに身を委ねてしまうのではなく，現実的な生活において生じる不安を以前より意識できるようになりつつあるようにも感じ**

られた。体調不良もあり，最近は過去に見られたような無理なスケジュールによる身体疲労と体調の悪化というパターンはなくなってきているが，同時にＡの辛い心理状態も察することができ，何か希望を叶えられるような現実的な目標とその実感が必要に感じられた。

少しずつ外出もできるようになってきたが，以前はもっと外出をしており，体調を崩さない範囲で出かけられるようになりたい気持ちがあると話される。行きたい場所は複数あるが，今は１年以上通えていないスポーツジムに特に行ってみたいとのことであった。場所が遠いため，電車の乗り継ぎや道順についてセラピストと一緒に詳細に確認した。

その後，スポーツジムに行くための話し合いをするなかで，何度か不安な気持ちになり「甘えたい」と訴えることもあったが，その度に現在の心理療法で取り決めたルールを確認することを何度も行った。甘えたい欲求をセラピストとの間で行動に移すことはなく，具体的にスポーツジムに行く日にちを自分で決めることができた。そのやりとりのなかでスポーツに興味をもつようになったきっかけを尋ねてみたところ，過去に杖を使いながら運動をしていたことがあったが，インストラクターから杖なしでもできると伝えられ，そのとおりにして実際にできたことがとても嬉しかったことを話される。その体験は自分にとって新しい発見であったとのことであった。セラピストから〈今回も一緒に目標を決めて，チャレンジすることになりますけれど，その時のようにまた達成できて新しい発見があるといいですね〉と伝えると，同意されていた。

夢の報告をされる。スポーツジムの一番，慕っている先生と高速でテニスのラリーをする夢とのことであった。その夢について「先生に会いたい気持ちがあるんだと思います」と話していた。

最近，仕事の時に他の職員さんに甘えてしまうと話される。職員さんにハグしてもらい，そうすると相手の心臓の音が聞こえてきて安心するとのことであった。最近，以前にはなかった自分が大人としてやっていくことの不安を強く意識することが増えるようになったとのことであった。

Ａの退行的な行動は心理療法の中では抑えることができてきたが，それが別の場面で生じているのではないかと考えた。それにはスポーツジムに行けるかどうかといった現実的な不安だけなく，これまでにもずっとあった大人としてやっていくことに対する不安も同時に存在しているように感じた。

立てた目標の達成と今の生活を維持したい・食べ吐きの出現　＃135～140

目標にしていたスポーツジムに行ってきたと話される。久しぶりに行ったところ知っているインストラクターの人と楽しく過ごすことができたとのことであった。次の日は疲労でずっと寝ていたが，休んだ翌日にはいつもどおりの体調になっていたとのことであった。

猫の手のような形を作り，セラピストに甘えたいと訴えるが，セラピストからここで甘えたらせっかく立てた大人になる目標から遠ざかってしまうことを伝えると「それは嫌です！大人になりたいんです。頑張って我慢します」と即答する。

年の暮れに差し掛かっていたこともあり，今年の振り返りをする。A は今年の 1 年間は色々なことができるようになった 1 年間だったと感じるとのことであった。その中でも特に 1 年間以上行けていなかったスポーツジムに行けたことが大きかったと感想を述べていた。自分のしたいと思うことを実現するために計画を練ることは楽しい体験であり，また目標を達成した時に「あっ，意外に自分いける！」と思えて自信になったとのことであった。

セラピストから今年は色々なことができるようになり，セラピストも嬉しく感じること，また，心理療法の中でもっとこうしてほしかったといった要望などがなかったかを確認したところ，「そうですね。今のペースが良いです。今の生活の仕方も」と話していた。また，最近は以前に比べると倦怠感も少し減ったようであり，全体としての今の生活は100点満点中70点であると採点されていた。セラピストと A の間で‘今の良い状態を維持すること，体調を崩さない範囲で好きな事・楽しめる事をしながら日々をもう少し楽しく過ごせるようになること，心理療法の中では甘えたい猫のように振る舞いたい気持ちになったとしても，その時の気持ちを言葉にすること’を約束した。**セラピストは A が自分の希望に沿った目標を達成したことによって新たな自信が芽生えたことは重要な体験になったように感じられた。これまで不安になったときは退行的行動でその場を乗り切ったり，現実から逃避ないしは否認することによって対処してきた部分もあった。しかし，今回は自身の感じる不安な気持ちを体験しその感情に圧倒されることはありつつも，崩れずに現実的な目標を達成することができた。このような体験を積み重ねることは自信を強固なものにする可能性と現実的な行動範囲の拡大も期待できるように思われた。**

年末年始で通常よりも面接間隔が空いたが，その間にもスポーツジムに行ってきたと話される。通常の運動クラスだけでなく，イベントのボランティアにも参加して楽しむことができたとのことであった。その翌日は疲労感があり，1 日中寝て過ごしていたが，体調の悪化などはなかったとのことである。

しかし，眠気が強く寝ている頻度が増え，そのことを大丈夫なのだろうかと不安になることもあると話される。冬の時期はこれまでも眠気が強くなって外出などを控えるなどはあったが，同時にこの眠気によって今までできたこと・今できるようになったことができなくなってしまうのではないかと思って不安になることが多いとのことである。実際に過去に冬に活動量が低下してから，それが持続してしまったこともあったとのことであった。

最近，止まっていた食べ吐きが久しぶりに出てしまい，ショックだったと話される。セラピストから食べ吐きのエピソードについて確認してみたところ，普段は1日1食の食生活をしているが，その日は友人と食事へ行く約束があり，空腹でなかったにもかかわらず3回の食事をしたところおう吐したとのことであった。食べ吐きをした時の自分の気持ちを振り返ってみると，これまで食事習慣の変更によって体重や健康診断の数値が改善されたのにもかかわらず，その日は食べ過ぎてしまったことへの罪悪感があったこと，食行動をコントロールしたい気持ちがあるが，それができなかったこと，また実際に久しぶりに1日3回の食事をして気持ちが悪かったことが明らかになった。セラピストから〈Aさんの中では今，言ったような色々な感情があったようだったけれど，食べ吐きにはどのような意味や目的があるのでしょうか〉と尋ねたところ，「たぶん，リセットしたい気持ちだと思います」と話していた。

職場の人の陰口に反応，自分がいなくなること　# 141 ～ 145

最近，イライラすることが多いと話される。その理由を尋ねると，仕事場の長に対して陰口を言っている同僚の話を聞いてイライラするとのことであった。その長は送迎を担当しており，Aはそのことを有難いと感じているが，他の同僚はたまに段取りがうまくいかないとその長を揶揄するようなことがあるという。セラピストからそのようなことを言う同僚に対してどのように感じるかを聞くと「私は送迎をしてもらえるだけでもとてもありがたいことだと思っているんです。それなのにそういうことを言うのは失礼だと思います」と答えていた。

最近，膨大な数の架空請求メールが携帯電話に送られてきてすごくイライラすると話される。その際につい自分を傷つけるための刃物を探してしまったとのことであった。刃物は現在，危険回避のためにAの知らない場所に隠されており結局，見つけることはできなかった。しかし，もし見つけたとしたらおそらく自分を傷つけただろうとのことであった。セラピストから〈Aさんはこれまでに何度も自分を傷つけるということを言っていました。前に社会に迷惑をかけているとも言っていたことがありました。でも最近は仕事に行け，自分の立てた目標も少しずつ達成できるようになっているかと思います。それでも自傷してしまいたくなるのはどうしてなのでしょうか〉と尋ねると，「私はいらない子だからです。いなくなってもいいからです。私がもしいなくなったとしたらきっとみんなが私がいなくなったことでパーティーをすると思います」と答える。セラピストから〈Aさんは自分がこの世からいなくなったらそのことをみんなが喜ぶのではないかって思うということですか〉と尋ねると，「時々，そう思ってしまうんです。私の存在って何なんだろうって思うことがあります」と話されていた。**セラピストにはAの中にある強い無価値感が自らにも伝わってきたように感じられた。これまで心理療法の回数を何度も積み重ねてきたが，それはAの無価値感を低減させる意味ではあまり効果はなかったのかもしれないといった申し訳なさと同時に自身の無力さが強く感じられた。しかし，セラピストがこれまでの心理療法を通じて一貫して持ち続けた思いがあり，そのことを伝えてみようと考えた。**セラピストから〈思っていることを正直に言ってくださいね。じゃあ……ここではどうでしょう。もしAさんがいなくなってしまったとしたら，私も喜ぶと思いますか〉と尋ねたところ，暫くの沈黙の後に「……セラピストさんは悲しむと思います」とポツリと言われていた。セラピストからは〈きっと悲しみます。だってこれまで一緒に色んなことがあっても一緒に頑張ってここまでやってきました。きっと私はAさんがいなくなったら悲しみます〉と伝えた。そのことに対して「私にとって一人でも自分がいなくなったら悲しんでくれる人がいることはなんだか心強い気がします」と話していた。

新しい仕事へ挑戦と面接構造の再契約　＃145～147

現在，している仕事ではなく元々やってみたいと思っていたスポーツジムのフロントに申し込んだと話される。しかし，新たな仕事に申し込んだのには現在の仕事場での対人関係があまりうまくいっていないことも関係しているとのことであった。翌週に結果が出るとのことであった。

希望していた職場の面接は不合格であった。それに対して残念な結果ではあったが，仕方がないと思っていること，また今回はダメだったが自分がいつかの夢としてスポーツジムで働きたいと思っていることは変わらないと話しておられた。

心理療法の目標について再度，話し合う。これまでの中で＃135～140で出たような‘今の良い状態を維持すること，体調を崩さない範囲で好きな事・楽しめることをしながら日々をもう少し楽に過ごせるようになること，心理療法の中では甘えたい猫のように振る舞いたい気持ちになったとしても，その時の気持ちを言葉にすること’をこれからもやれるようになりたいとのことであった。また，自分ができるようになったことの中で印象的なものとして歩いて活動することが増えたこと，朝に仕事に余裕をもって行けるようになったことをあげていた。セラピストからAは毎週の心理療法を通じて今あげた事柄をできるようになってきた。しかし，これからは徐々に自分一人の力でも，今の良い状態を保てるようになってほしい思いがあることを伝えた。そのための試みとして心理療法のペースを隔週に変更することを提案したところ「ちょっと寂しいけれど，やってみたい。やっぱりできるようになったことが自信になったから」と話され，同意していた。

4 考　察

心理療法で用いられた人形の意味について

本事例は初回面接時からセッションの中で人形が用いられながら進行していった。心理療法過程におけるAの語りの中でも人形を使用することの意味が語られ，セラピストも関わりのなかでその重要性が実感されていた。ここではAの語りとこれまでの人形を用いて行われた心理療法の文献を参考にしながら考察をしていく。

不安・寂しさを低減させる人形　初回面接でAは十体以上ある人形を携えて来室した。そしてセッションが始まるとすぐに人形を介してセラピストと遊びながらの交流を開始していた。この時，セラピストには人形でのコミュニケーションに対して驚きと戸惑い，不安が感じられていた。その理由の1つとしてセラピストが通常の成人のクライエントの面接の多くは言語面接で行われるという固定観念をもっており，人形遊びを通じた成人との心理療法というイメージがなかったためと思われる。

またセラピストには心理療法の中に人形が持ち込まれることには何かセラピストとAの関係性における心理的な意味が含まれているように（この時点ではその意味合いを明確に意識化することはできず漠然とした感情・感覚としてであったが）思われた。このやりとりはAとセラピストの初めての出会いであった。そこにはこれから展開されていく心理療法への不安・戸惑い，セラピストが本当に自分自身のことを語っても良い信頼にたる存在であるかどうかといったAの不安が多少なりとも存在していたと思われる。そのような不安がセラピストに投影され感じられていたのはないかと考えた。そこでセラピストはAのことを理解したい思いがあるということを伝える意図で人形と暫く遊ぶことを選択した。初回以降もセッションの中では人形が度々，用いられながらコミュニケーションが行われていたが，回数を重ねセラピストとの間で自身の内面を深く語ることができるようになるにつれてセッションに持ち込まれる人形の数は減り，最後の方では人形を用いないで自らのことを語るようになっていった。これはAが心理療法の中でセラピストとの安心した関係性を感じられるにつれ不安感が減じ，それが人形出現の減少へと繋がっていったのではないかと思われる。

セラピストはAの遊びを通じてのコミュニケーションに若干の戸惑いの念を抱きながら当初かかわっていた。しかし，Winnicott, D.（1971）は遊びについて「遊ぶことは精神療法のコミュニケーションの一形態となりうる」と述べている。本事例は成人を対象にした心理療法であるが，この考えに基づけばAが提示した人形遊びを通じてのコミュニケーションは精神療法におけるコミュニケーションの一形態であり，それを大切にし人形と共に遊ぶことはAとの間にラポールを築くうえで重要であったと考えられる。

また，Winnicottは「ダイアナ，5歳」の事例（1971）で初対面のダイアナがWinnicottにデディ・ベアを差し出した際，Winnicottはダイアナではなく，そのテディ・ベアに対して挨拶をしている。そのテディ・ベアを通してWinnicottは「こうしてダイアナと私の間には強力な関係がすぐに成立した」（1971）と述べている。このことからも人形がクライエントの代わりにセラピストとコミュニケーションを取ることがあり，かつそれが関係性構築のうえで重要な役割を果たすことが示唆されている。

その他にAは持ち歩いている人形が増えたことに対して彼と会えなくなり，寂しい気持ちを紛らわすためであったことを語っていた。つまり，Aにとっての人形は自らの寂しい気持ちを和らげる意味合いをもっていたと考えられる。これについてもWinnicott（1971）は人形が移行対象としての役割を果たしていることを考察している。その中で人形などを子供が愛着を持つ対象である移行対象として安心感をもたらすものであることを強調している。このことからAにとっての人形は寂しさを和らげる緩衝役を担っていたのではないだろうか。そして同時に人形が増えることはそれだけ寂しさなどが自身の中で高まっていることを示す指標にもなりうると考えられる。

また，Aは人形を自分の分身と話し，主治医やセラピストに高い高いをしてもらうことを求めた。菱田（2017）はクライエントとセラピストの間に存在するものとしての人形について述べているが，その中でクライエントとセラピストが直接に関係をもつのではなく，クライエントの持つ人形がセラピストと関係をもち，その時の人形はクライエントそのものであり，人形を通してセラピストとの間に築かれる関係はクライエントとセラピストの二者の関係に近いという。このような直接的な二者関係でもなく三者関係でもない関係のあり方を菱田（2017）は二・五者関係《直接的な二者関係ではなく，同時に対象として区別された第三項の登場する三者関係でもない，その合間にある曖昧な関係》と定義している。Aが主治医やセラピストとの間で自らの分身として用いた人形は菱田（2017）のいう二・五者関係を示していたものと考えられる。そのような観点から見るとセッションに持ち込まれた人形とセラピストが受容的にかかわることは，Aに対して受容的にかかわることと同等の意味をもつものと考えられる。セッションの中における高い高いはAにとって小さい頃に大人にしてもらって嬉しかった出来事と回想されていた。セラピストはこの話題があがったセッションの中で過去の親しい人物と近づきたいが近づけないという現実におけるAの対人希求性の高まりというイメージが浮かんでいた。そしてそのような対人希求性以外にもこの人形はかつての幼かった頃のAのイメージが投影されているようにも思われる。人形に幼かった頃のAのイメージが投影され，その幼い人形としてのAをセラピストが高い高いという行為（逆転移）でかかわるということは，それは典型的な形態ではないものの精神分析の転移・逆転移の1つとも考えることができるかもしれない。木部（2014）はクライン派の影響の強いタヴィストック・クリニックでは玩具箱の中に子供が自分の空想を安全に表現するために小さな玩具を中心に揃え，小さな家族人形，動物の家族人形などが入っていることを述べている。人形を用いて空想を表現することは主に遊戯療法の中で子供が行うことが一般的に知られているが，今回のケースの中でも人形は同様に幼き頃のAという空想を表現する媒体として使用されていたとも考えられる。

クライン派の遊戯療法では人形などを用いて遊ぶことの中で表現されたものを分析することを重要視している。しかし，本事例ではセラピストは特にそのような言語的な解釈を行わなかった。それはセッションの中でAの対人希求性が表現されているのではないかと考えた時，言語的な解釈よりもいま目の前にいるセラピストがAを支えるものとして体験されることの方が心理療法において大切なのではないかと感じたためである。またこの時期は体調不良が持続し，自我機能はこれまでの心理療法の中でもかなり弱っている状態であることが推察された。そのようななかで人形を用いる意味を解釈することは心理的に余裕のないAに対して（家族と共にすることができないという）現実に直面化することにもなりかねないのではないかというセラピストの危惧もあった。体調が安定し，自らの空想に対し向き合うことが可能な状態であれば，言語的な解釈を選択する可能性もあったかもしれないが，少なくともこの時点での解釈は治療的ではないと判断し行わなかった。これ以降も人形についてAの空想が込められているのではないかといった解釈は特にセラピストからは行っていない。それはAとそのような時期を共に過ごしていくなかで次第に落ち着きを取り戻していったこと，また箱庭療法の中で非言語的な方法で家族を題材にしたテーマが出現しており，必ずしも言語的な解釈を行わなくてもAの中での家族に対するイメージは進展していっているように感じられたためである。Zulliger, H.（1952）は「解釈や意識化なしに，治療効果が遊びによって得られるということの方が，むしろ正当であるように見える」と言い，それを「純遊び療法」と呼び，遊びそのものが治療的であることを主張した。この概念は子供の遊戯療法の中で論じられたものではあるものの，必ずしもクライエントが人形などで表現した内的な空想などをセラピストが解釈や意識化する必要がないことを示唆するものと思われる。

自らを猫と称することについて

Aは心理療法の中で自身のことを猫であると度々語っていた。この発言が最初に出てきたのは初回面接であった。その発言が出た当初，セラピストにはその真意が掴みきれずにいたが，初回面接で生じたというところに人形を面接の中に持ち込んだ行為と同様，セラピストが信頼にたる存在になりうるかの一種の試し行動のように感じられていた。そこで猫であるというAを受容したい気持ちがあることを伝えたいと思い，また猫と語るAに対する純粋な関心からその名前を尋ね説明を求めた。

ここでは猫という動物が自身の本体であるということについて考察していく。木村(1973)は猫の性質について「ネコはイヌのように，飼い主に媚びたり，お世辞を使うようなことをせず，非社交的で不遜で貴族的である」と述べている。また，猫は一般的に犬に比べて警戒心が強いイメージがあるが，そのことを踏まえて考えると，Aは初回面接においていくばくかの警戒心を抱き，かつ媚びたりするようなことはしない，猫のように自由きままにいたい（心理療法を進めていきたい）というメッセージを猫という表現で伝えていたのかもしれない。

心理療法が進展するにしたがって，Aとセラピストは猫と称することについての意味について何度か話し合っていった。その中でセラピストは〈猫として振る舞うことの裏には人間としてのAが拒否されることを防衛する意味がある〉のではないかと伝えてみたところ，同意していた。また，現実的に対応を求められた時に「私は猫なのでわからない」ということを伝えることは，自身が人間ではない存在であり，故に現実的対応は困難であることを相手に伝えられるという意味合いも含んでいるように思われる。

Aとセラピストとの話し合いの中では猫として生きるか，人間として生きるかということをテーマに話し合った。その中でセラピストはAが猫として生きることについても人間として生きることについてもどちらかを推奨するような発言はしなかった。それはこれまでAはセラピストと出会う前から猫として生きてきた歴史があり，その中でやってこられたという適応的な側面も持ち合わせていたように感じられたためである。加えて，これまでのスタイルを変更することは，大きな変化を伴うことであり，相応の恐怖や不安を感じざるを得ないとも思われた。人間として生きることは今までの振る舞いとの変更が余儀なくされる面もあることから決断はAに託すことにした。実際にセッションの中でAは人間として生きたい気持ちがあることと変化することに対する恐怖・不安を語っていた。しかし，最終的には自らの言葉で「このまま動物でいることは今の状態が続くということなんですよね……。怖い気持ちは正直あります。でもやっぱり自分は人間になりたいと思います」と言い新たな自分として生きていくことを決意した。それからAは“動物と人間の中間状態”にいると話し，最初，猫であった自己イメージは動物と人間の中間へと変化していった。

退行的行動と心理的成長について

心理療法の中では心身の不調が大きくなった際，“じゃれる”という表現で退行的に振る舞うことがあった。この時，セラピストは甘えたいという気持ちがAの中にあることを感じ，まるめた猫の手のAがセラピストの手に触れることを許容している。これについては心理療法の基本的ルールにおいてクライエントとの身体接触は禁止されていることから非常に迷いながら対応していた。その際にセラピストが考えていたのは大きく以下の2つの事柄であった。1つ目はこの時期，Aにかなりの体調不良があり現実的判断を促すことが困難に思われたということである。Aは友人の死からそれまでの安定して自分の事柄について余裕をもって話せていた状態とはかなり変わっている印象を受けた。それは友人の喪失によって大きなショックを受けていることを示しており，この時点で現実的なルールを提示してもその状態を回復させるうえではあまり効果的とは思えなかった。そこで退行的な行動に迷いつつも一旦はこの状態を許容し回復を待つことを選択した。またこの対応をしている時，セラピストは退行的な行動が促進されることになった理由の1つとして事前にセラピストから心理療法におけるセラピストとクライエントの間の身体接触の禁止についての心理教育を行っていなかったことが関係していたのではないかと思われたため，状態が落ち着いた後の心理療法ではセラピストとクライエントの間で身体的接触は本来してはならないことを伝えることを決め，これ以降に甘えたいという発言が出た際はAにそのような気持ちがあることを言葉で伝え返すという対応に留めた。

2つ目はAのじゃれる行動はあくまで「猫として甘えている」のであり，「異性愛としての甘え」とは異なると考えていた。もし事前に心理療法の中で恋愛性転移のようなクライエントがセラピストに恋愛感情を抱いているような言動が出ていたとしたら，セラピストは今回と同様の対応はせず，言葉によって現実的な心理療法のルールの提示やそのような言動の背景にある感情の明確化を行ったと思う。しかし，それまでの心理療法の中でそのような異性愛を思わせるような言動はなく，これはあくまでも心理的ショック状態と同時に親和欲求が高まっており，それを伝える手段として退行的な形でコミュニケーションを示しているように思われた。退行状態についてはBalint, M.（1968）は精神分析療法においてあまり退行を起こさないで改善していく患者がみられる一方で，深い退行状態を呈した後に初めて回復していく患者の存在に着目している。そしてそのような退行を「良性の退行（benign regression）」と名づけ治療論を展開した。このような患者の退行の結果として，ある種の創造領域に達し，そこで反復強迫を超えた新たな体験を契機として「新規蒔き直し（new beginning）」

が起こって改善を示すため，治療者はこのような創造領域に退行した患者の沈黙や振る舞いを抵抗として解釈するのではなく，患者の内面生活や個性についての理解と寛容をもって受容することが治療的であると結論づけた。また，Winnicott（1965）も深い退行を呈した後に成長を示す患者群について論じ，Balint の「良性の退行」を示す患者への治療的アプローチと同様の見解を述べた。これは特に乳児の自発的な衝動や欲求に母親がほどよく（good enough）対応できなかったがために，乳児が実存性や創造性を内包した「真の自己（true self）」の代わりに，環境に服従することで初めて成立するような自己のあり方（偽りの自己《pseudo self》）を極端に発達させてしまった場合にあてはまり，患者は深い退行を通して乖離した「真の自己」を治療的に体験する必要があるという。実際に本心理療法過程ではこの体調不良がありＡにとって苦しい時期を乗り越えた後は少しずつ状態は安定し，退行的行動は見られなくなり，自分がどこまでできるか知りたいという気持ちが芽生え，猫から人間になるという新たな自分への変化が見られていった。これは Balint（1968）でいうところの新規蒔き直し（new beginning）や Winnicott（1965）でいうところの真の自己（true self）が少しずつ生じてきたとも考えられるかもしれない。

しかし，新規蒔き直し（new beginning）や真の自己（true self）ということを語るにはクライエントが呈している退行が良性の退行であるとセラピスト側が見極めている必要がある。なぜなら Balint（1978）が指摘するように退行には良性の退行のみではなく，「悪性の退行（malignant regression）」も存在するためである。この悪性の退行は「充足を目的とする退行」であり，患者のねだりが満足されると新しい「欲求」が出現するという悪循環から，時には「嗜癖類似状態」に発展するとされる。このような退行はクライエント自身のみならず治療者に対しても破壊的な影響を及ぼす危険性をはらんでおり，斎藤（2017）も退行促進的なかかわりについてセラピストは注意を要することを述べている。本事例では，Ａの退行的行動が生じた際に，セラピストはそれが良性か悪性かを明確に判断することは困難であった。斎藤（2017）は退行を意図的に治療に用いる際の留意点（『治療の帰結に最後まで責任を持つこと』・『悪性退行と良性退行を可能な限り正確に鑑別すること』・『治療契約の中に，悪性退行が起こりうる可能性とその徴候，起きた場合の治療中断を含む対処について事前に伝える』・『退行促進の汎用性は高くないので，適応事例を厳格に設定する』，『治療者と家族の限界設定をあらかじめ決めておく』・『依存要求に対しては傾聴と対話を中心に対応する』，『スキンシップについては判断が分かれるとしても，暴力は徹底拒否が原則であり，治療者も家族もそれを決して容認すべきではない』）をあげている。治療の進展に伴いクライアントとセラピストとの間で信頼関係が構築されると，ある程度の退行が促進されることは十分に起こりうることであり，セラピスト側が退行を心理療法で意図的に用いる際は斎藤（2017）が提案したような事項に気を配りながら慎重に行っていくことが有用と思われる。本事例ではセラピストは「治療契約の中に，悪性の退行が起こりうる可能性とその徴候，起きた場合の治療中断を含む対処について事前に伝える」について行っていなかった。A は初回面接の中で人形を用いたり自らを猫と称するなど，退行的と判断できる言動が生じていたためこの時点から，A の表現に対応しつつも退行した時のルールを確認しておくことも 1 つだったかもしれない。

夢の表現について

本事例ではいくつか夢の内容について報告がされた。その中でいくつかの夢を取り上げ考察していく。1 つは空港ではぐれた母と出会うというもの，実際は会うことのできていない婚約者と病院の外来で会うが直接話すことができないため 2 人しかわからない手話で話すというものである。この両者の夢に共通しているテーマとして，現在は会うことのできない相手と夢の中で交流をもてているというものである。A は現実で親しい人物に会うことが叶わず強い寂寥感を感じており，そのことは面接の中でも語られていた。Freud, S.（1900）は夢において，個人は自分の欲望を偽装された形で満たそうとするとしているが，親しい（親しかった）者たちに会いたいという願望を夢の中で満たそうとしていたとも考えられるかもしれない。同様のことは他の夢で起きていると考えられ，A が母とディズニーランドに行って遊んできた夢にも表れていたと考えられる。A 自身もその夢について話し合っていく中で「かつては母を独占するぐらいに甘えることはできなかったが，夢の中でそれを叶えることができた」と語っていた。

一方，名島（1998）は夢の中で面接者 - クライエント関係が含まれることがあることを述べ，夢を面接者との関係から捉えることの重要性を指摘している。その観点から考察をしてみると母とディズニーランドに行き，本当は独占したかった気持ちは，A のセラピストを独占したい気持ちとして表現されていたとも考えられるかもしれない。この点については実際に A が面接の中でもセラピストに甘えたいと語っていたことから A が意識化していたセラピストとの関係が無意識の表現内容である夢の中にも表現されていたとも考えられる。また，スポーツジムの，一番慕っている先生と高速でテニスのラリーをする夢が報告された時期の面接を振り返ると，セラピストと A で目標を決めてチャレンジするという話題が中心になっており，A には面接の進行度合いが速すぎるものと感じていたのかもしれない。このような夢の特徴から面接関係を捉えなおし，セラピストの方から A に「面接で目標を立ててそれにチャレンジするというやり方が少し速すぎるように感じることなどはありませんか」と確認することも必要だったように思われる。

その他の夢では母が心配になって見に来た内容について報告された。Aにその夢について思い浮かぶことを連想してもらうと，母との近い関係について母はずっとそのままでいることはよくないと思い，先で待っているということを伝えたかったのではないかと話していた。このセッションの前後では特に自分は猫と人間の中間状態にいることが何度も話題に上がっていた。その文脈を踏まえて考えると，この夢の中では今までの母と一体となり甘えていた自分（猫としての自分）から母と離れた自立した自分（人間としての自分）というのが暗に込められていたのかもしれない。しかし，その後のAの語りから甘えていた自分（猫としての自分）からの旅立ちはまだ強い恐怖感を伴うものであることが示唆された。夢や面接過程での言動から人間としての自分になることへの恐怖は依然残り続けているが，心理療法開始当初はすぐに「自分は猫」と言っていたAから自らのあり方について内省し「人間になる」という新たな方向を模索できたことは彼女の内的な力によるものが大きいと思われる。

箱庭の表現について

箱庭は全部で3つの作品が製作された。

最初の作品は湖畔で遊ぶ動物たちの子供と食卓を囲む3匹の動物たちであった。食卓を囲むウサギの中でも特に赤の下地に水玉模様のワンピースを着たウサギはかつて家にあったのと同じ人形であり思いいれがあるものとのことであった。全体的には穏やかな雰囲気であるが，左下に薄暗い洞窟が置かれ，やや不気味な印象がある。左上には家があり食卓を囲む動物たちはAとお母さん・お姉さんの3人のイメージが込められているのもしれない，と連想しながらセラピストは箱庭を鑑賞していた。また，その一方で明らかに他のものとは異質の雰囲気を持った洞窟からAの中でまだ意識化されていない鬱屈した感情などが潜んでいるようにも感じ，それが今後の心理療法の中で出てくるのかもしれないというイメージが浮かんだ。

2つめの作品では置かれているアイテムはかなり少なく，Aの内的エネルギーの枯渇が感じられた。この時期，大きな症状は減っていたものの低めの安定と主治医からも言われており，そのような状態が作品にも表れていたのかもしれない。1つめの作品で食卓を囲んでいた2匹のウサギとむかし持っていた別のウサギがピアノで「喜びの歌」を歌っているとのことであった。現在のAは非常に低いエネルギーの中でもなんとか生きている。そのような苦しい状況の中でもなんとかやっていけるのは左下の無意識の位置に置かれたしっかりと協調し寄り添う母，姉，本人の家族イメージがあるからなのかもしれないとセラピストは連想していた。

3つめの作品ではハンモックで寝ているウサギ，切り株で休むウサギ，3匹のシカの親子，ベンチが置かれている。全体的に空白が目立つが，ウサギはゆったりとハンモックと切り株で休んでいる。ベンチも人が腰かけ休むものであり，Ａの中でゆっくりとしたい思いがそこで生じていたのかもしれない。それまで身体的疲労が蓄積されても新たな予定を詰めた結果，体調が悪化するということを繰り返していた。この３つめの作品制作後の感想では休んでいる動物たちのテーマに触発されてか，「確かに前の時と比べると休み方を覚えた」と語っている。少しずつ自分の体調を気遣って過ごすということが内在化されていることを象徴しているのかもしれない。

高機能の自閉症スペクトラムとの心理療法について

最後に高機能の自閉症スペクトラム障害（傾向）を有しているクライエントとその人がどのように生きていくかといったことをテーマに心理療法を行っていくことについて考察を行っていく。近年，自閉症スペクトラムをはじめとする発達障害へのアプローチはその疾患概念の注目と共に多くの種類のものが開発され効果を上げている。そのような方法論の多くは問題に焦点化した認知行動療法や行動療法の技法を採用した療育プログラム（齋藤，2018）など，エビデンスに基づいたものである。そのようなアプローチは方法論が構造化されており，発達障害を有するクライアントが新たな適応行動を獲得する，または不適応行動を是正するなどをしていくうえで有効な方法であると思われる。そのような方法論は効果的ではあるが，齊藤（2018）が記述しているとおり，特に焦点化された問題において効果が高いものと思われる。しかし，成人の発達障害の人が抱える悩みは必ずしも焦点化された問題のみに限られるものではなく，「自分がどのように生きていけばいいのかといったより広いテーマ」を含むこともありえることであり，セラピストはクライエントが焦点化された問題にうまく対処できるよう援助していくことに加え，発達障害という特徴を持ちながらいかに生きていくかといった広いテーマも扱っていくことが支援のうえでは重要に思う。

齊藤（2018）は軽症・高機能水準の自閉症スペクトラム（Autism Spectrum Disorder：ASD）への治療的支援を考える際，①生存と発達に必要な基本的技能の開発，②パーソナリティ形成の治療的支援，③自立して生きることを可能にする環境整備といった３種類の目標の重要性を提唱している。さらに発達障害の治療・支援は息の長い関わりを前提とせざるをえず，精神療法的支援として問題に焦点を当てたCBTプログラムと発達障害者の生の道程に伴走する精神療法的支援の２つをあげている。発達障害の軽症・高機能群ではその情緒や感情を内的現実としてそのまま受け入れることができ，葛藤を超えて自己と環境との折り合いをつけ，他者と共存できる一定の機能性をもった自己とパーソナリティの発達を実現する過程に関与することが重要としている。この観点を参考にすると，筆者がＡとの事例で考えた「自分がどのように生きていけばいいのかといったより広いテーマ」は齊藤（2018）の②パーソナリティ形成の治療的支援に該当するものと思われる。本事例の中では言語的なアプローチの他に夢や箱庭などの方法も用いてきた。それらを用いて表現されていたことはAの猫として甘え続けたい感情や，一方で人間として生きていきたい気持ちと変化することへの恐怖，それらの葛藤を抱えつつ現実・環境とどう折り合いをつけ合いながら今後をやっていくかといったものであったと思う。そしてそのようなことをテーマにしてかかわり続けた結果，Aに新たな変化の兆候が見られたことを考えると，自閉症スペクトラムを有しているクライエントに対して齊藤（2018）が提唱しているような，自己とパーソナリティの発達を実現する過程に関与できるようなかかわりを提供していくことは問題に焦点化されたアプローチと同様に重要であると思う。

辻井（2014）は世界的な長期経過研究において，成人の中でも40歳以上の適応が悪く，その要因として精神的健康（メンタルヘルス）の問題（精神疾患の合併）と社会的孤立があると報告している。特に後者では40歳代では親の高齢化が進み，これまで親が繋げていた社会的ネットワークにASDの人たちが直接に結びついていけるようにする必要があると述べている。本事例では医療従事者や福祉従事者との繋がり，また就労施設・スポーツセンターなど様々なネットワークをAがもっており，セラピストは新たなネットワークの構築などは行わなかった。しかし，臨床ではセラピストとクライエントの心理療法だけではなく，クライエントが生きる環境基盤の調整もかなりの重要性を占めるものと思われる。特に周りの人とのコミュニケーションが不得手なASDの方を支援するときは，その特徴を理解する者を増やすことは，クライエントの福祉を考えるうえでは欠かせない。個人の将来的展望を扱うような心理療法でもそのような観点を意識しながらクライエントの内外両方を支えていけるような支援が必須と思われる。

引用・参考文献

Balint, M.　(1968).　*The basic fault: Therapeutic aspects of regression*. London, Tavistock Publications.（バリント，M.　中井 久夫（訳）(1979).　治療論からみた退行――基底欠損の精神分析　金剛出版）

Freud, S. (1900).　*The interpretation of dream. S.E.4-5*（フロイト，S.　高橋 義孝（訳）(1968).　夢判断　フロイト著作集2　人文書院）

菱田 一仁（2017).　人形遊びの心理臨床　箱庭療法学モノグラフ　第7巻　創元社

木村 喜久弥　(1973/1977，4版).　ねこ――その歴史・習性・人間との関係――　法政大学出版局

木部 則雄　(2004).　クラインの「プレイ・テクニック」――子供の精神分析の実際　松木

邦裕（編）別冊　現代の精神分析家シリーズ　オールアバウト「メラニー・クライン」現代のエスプリ　至文堂
齊藤 万比古 （2018）．いま何故，発達障害の精神療法なのか　精神療法，*44*（2），155-158.
斎藤 環 （2017）．悪性退行をいかに予防するか？　精神療法, *43*(2), 35-40.
鑪 幹八郎・一丸 藤太郎・名島 潤慈・山本 力 （1998）．精神分析的心理療法の手引き（pp. 212-229） 誠信書房
辻井 正次 （2014）．成人になった発達障害の人たちが抱える課題と可能な支援　臨床心理学, *14*(5), 617-621.
Winnicott, D.W. （1965）．*Winnicott, D. W. Collected Papers: The Maturational Processes at the Facilitating Environment*. London. The Hogarth Press. （ウィニコット，D. W. 牛島 定信（訳）（1968）．情緒発達の精神分析理論　岩崎学術出版社）
Winicott, D. W. （1971）．*Playing and Reality*. London: Tavistock（ウィニコット，D. W. 橋本雅雄(訳)(1979)．遊ぶことと現実(現代精神分析双書, 第Ⅱ期, 第4巻)　岩崎学術出版社)
Zulliger, H. （1952）．*Heilende Kräfte im kindlichen Spiel*. Stuttgart, Deutschland: Ernst Klert Verlag.（ツリガー，H. 堀 要（訳）（1978）．遊びの治癒力　黎明書房）

謝辞：本論文を執筆する際，公表と出版を快諾頂いたクライエントに心から感謝申し上げます。本論文を発表の許可をしてくださった東京都立多摩総合医療センターの先生方，東京都立多摩総合医療センター研究倫理委員会の先生方，東京都立小児総合医療センターの先生方，普段一緒に業務をさせてもらっているスタッフ様，ご指導をいただきました戸塚悌子先生，鈴木康広先生に深謝いたします。

武石　惇論文へのコメント

佛教大学教育学部臨床心理学科教授
鈴木　康広

はじめに，全体の印象と転移について述べ，最後に箱庭の表現を中心にコメントしていきたい。

過去に発達障害（自閉症スペクトラム障害 ASD）と診断を受けているが，病態水準はかなり重い境界性人格障害 BPD 水準（試し行動や自殺未遂・自傷行為，枠が守れず頻回の電話や救急受診，見捨てられ不安など）のクライエントだと思われる。大変な事例に，根気強く粘り強く，丁寧に，支持的 supportive にかかわられたセラピストの尽力に敬服したい。この尽力なくして，このクライエントの回復はありえなかったであろう。人形を用いることや猫と自称するなど「退行的」であるがうまく支持的に抱えられた holding ことが大きかったと思われる。このクライエントは「退行する」ことで自分を守っていた（防衛），そうせざるを得ない，苦しみと悲しみ（哀しみ）があり，セラピストは解釈や直面化はせず，それに寄り添っていった。そうしたラポールの確立のなかでセラピストの対象恒常性を内在化し，言語化できるようになって行動化は減じていった。

発達障害の診断をベースにしているが[1]，ガンダーソンの指摘するような BPD の low level[2] であり，母親不在（基本的信頼感の欠如）ゆえに，セラピストが代理母親として愛情「備給」を行う必要があった。支持的にうまく抱える good enough holding ことが求められ，それが機能した所以である。

人形や猫といったファンタジーも一歩間違えば妄想であり，そうならずに移行対象・移行空間または「遊び」としてシンボリックに取り扱えたことは，このクライエントの強みであった（幻聴もあったが一過性であった。現実検討能力も危うかったが何と

1）　発達障害的特徴は，DSM-5 では多軸診断が廃止されたが従来の DSM-Ⅳ-TR までで言えば，Ⅱ軸の精神遅滞及び人格障害の特徴に，人格特性として，BPD 的特徴と共に含めて合併していると捉えていいかもしれない。

2）　Gunderson, J. G. （1984）. *Borderline Personality Disorder.* Washington, DC: American Psychiatric Press, Inc.（ガンダーソン，J. G. 松本　雅彦・石坂　好樹・金　吉晴（訳）（1988）. 境界パーソナリティ障害―その臨床病理と治療（pp. 34-42）　岩崎学術出版社）

か踏みとどまれた）。

発達障害やBPDでは一般に象徴化能力が貧困であると言われている。マーラーの分離－個体化期の再接近期（見捨てられ不安の時期）における，対象恒常性の確立に至るまでの，不在の母親を内在化できないといった，移行対象・移行空間または「遊びの領域」の貧困化である。このことは，箱庭の表現で明らかになっている。しかしながら，「二・五関係」を通して「猫」から「人間」に至る道行きを同行したことは見事としか言いようがない。セラピストの尽力に脱帽である。

夢では母親転移・陽性転移が現われている。デズニーランドで一緒に楽しむ母親やテニスのラリーをする慕う先生はいずれもセラピストであると思われる。甘え，依存のテーマは母親転移と代理母親としてのセラピストの内在化のテーマでもある。セラピストは「見捨てない」というメッセージを一貫して伝えて，「見捨てられ不安」を払拭し，対象恒常性としてのセラピストを内在化させた。夢での母親は客体水準ではなく，つまり母親コンプレックスではなく，内なる母親像としての「母親元型」のイメージかもしれない。セラピストを内在化して得られた「母なるもの」は，クライエント自身の内なる分身（主体水準）であり，この「内なる母親」が自然治癒力の源かもしれない。セラピストがうまく寄り添うことができて，この自然治癒力が引き出されたのであろう。

最後に箱庭の表現についてコメントしていきたい。

この事例では3作品のみで，後者2作品は空き空間が多く豊饒な作品ではない。身体疲弊の影響を指摘しているが，上述の如く象徴化能力（移行対象・移行空間）の貧困化が関連している可能性がある。

なぜウサギなのか？ウサギのシンボリックな意味を考察する必要がある。クライエントのウサギに関する連想を聞いておく必要があった。

またウサギのフィギュアを「人形」と自ら言っている。持参する「人形」との関連に留意する必要がある。しかも，かつてはあったが今は手元にないものである。欲しかったが得られなかった「母親の愛情」であろうか。また分身であり移行対象である。

ウサギは耳が大きい。臆病で敏感でそれだけ繊細である。キリスト教文化圏では復活祭における「復活」のシンボルである。聴覚過敏と脆弱性を感じさせると同時に，自然治癒力のタフさを予感させる。

図1の箱庭作品1は精神状態が安定しない段階で制作された。元来象徴化能力が貧困な発達障害やBPDにおいては，どんとフィギュアだけが無造作に置かれる作品（図2，図3のような）が多いのだが，ここでは多くのフィギュアが豊かに置かれた。不安定な精神状態による病理性の故ではあるが，セラピストの支持的supportiveな対応＜ここで久しぶりに会ったのですね。私が守っておきます＞の一言で，うまく抱え

られて，一挙に鎮静化したのである。

夢分析における初回夢同様，この箱庭作品1にその後の展開の要素がシンボリックに凝集されている。食卓を囲むウサギたち，赤色の下地に水玉模様のワンピースを着たウサギは失われた「母親の愛情」，向かい合う白色の服を着たリスは図2のチェロを持つリス，隣の子ウサギは子供としての新しい可能性であろうか。家族団欒の食卓の奥には休むためのハンモックが既に用意されている。左下の無意識の領域（Grünwaldの図より）の行き止まりの洞窟から川となって水が流れている。右下の母性・女性性の領域（同上，Grünwald）に水は流れ，無意識の水のたまり場でウサギたちは，水を得た魚のように，ピクニックを楽しんでいる。そこで遊ぶ赤色のワンピースを着たこげ茶のウサギが図2，図3に登場する「主人公」である。鬱屈とした洞窟から生じた無意識のエネルギーは，この「主人公」に力を与えている。

図2の箱庭作品2では，左下の無意識の領域で，「主人公」の弾くピアノに合せて，食卓で向かい合っていた赤色のワンピースを着たウサギ(母親)と白色の服を着たチェロで伴奏するリス（姉）が横並びになって，一緒に「第九の喜びの歌」を歌っている。なんとcreativeなイメージであろうか。「主人公」は図1の食卓の新しい可能性（子ウサギ）そのものだったのである。「主人公」のピアノ演奏に姉がチェロで伴奏し母親が見守っている。家族団欒が音楽という情動性をもって内的に再生されたのである。左下の領域に限定された断片的な作品であるが，これ以上のシンボリックな「断片」などあり得るであろうか。クライエントのもつ内なる自然治癒力を感じさせる。

図3の箱庭作品3では「主人公」はハンモックで寝ている。傍に腰掛けたウサギはセラピストで，「主人公」のカウチならぬハンモックでの自由連想に耳を傾けているのであろう。セラピストは「主人公」の背後の右下の母性・女性性の領域に居る。代理母親として内在化された所以である。自由連想は休むべきベンチ（休むためのハンモックは既に図1で用意されていた）と鹿の三匹の親子へと及ぶ。ここでの鹿の三匹の親子は大地に根差し寛いでおり，図1の食卓の三匹が変容したようである。念願の親子三匹の愛情を得られたのである。

この3回の箱庭制作を通して，精神状態は安定する。箱庭療法がプロセスの転回点（カイロス）において「鎮静剤」として効果を発現したと思われる。そして，その後の回復と「復活」をシンボリックに先取りしていたと換言できる。

3

ADHD（注意欠陥多動性障がい）と診断され，不登校気味であった少年

主として箱庭療法(Sandplay Therapy)による心理療法プロセス

戸塚セラピールーム
戸塚　悌子

1　はじめに

ここに紹介するのは発達障がい児の一事例である。このケースを処遇したのは，日本で「発達障害児（者）支援法」が改正（2016 年）された年より 10 年以上前のことである。支援法の改正で，それまでの法律では障がい者とみなされてこなかった自閉症，アスペルガー障がい群その他の広汎性発達障がい，学習障がい，注意欠陥多動性障がいなどが発達障がいとして定義されることとなった。これにより発達障がいに対する世の中の理解と対応は大分進歩したように思われる。学習を助けるグループや SST のグループが設けられている。学校や組織体でも，特別支援教育が行われるようになった。しかし，個別の心理療法となるとそれほど進歩しているとは思えない。それは，発達障がい児（者）のこころに深く根差している自閉的障壁にアプローチできる深層心理学的なトレーニングを受けた専門家が日本では極度に少なく，まだ十分に発達していないためである。それでも，トレーニングを受けて少しずつ良い仕事ができる専門家が育ちつつあることは大きな喜びであり，次世代にその種が育っていくことを心から願っている。

クライエントとその家族と共に歩んだ苦闘の経過について，たとえ承諾を得ているとはいえ，公にすることには苦渋の決断と逡巡を伴うこころの試練と戦わなければならなかった。しかし，この事例を見ていただければ，発達障がい児（者）が，これまで世間で考えられてきたよりもはるかに変化と成長の可能性をもった人たちであるこ

とを理解していただけるかと思うし，専門家が彼らを理解・援助する仕方にもこれまでの方法に加え，さらに発展可能性があることを認識していただけることを期待する。発達障がい児（者）が，克服すればより生きやすくなる「障害」を抱えていることは辛い事実である。しかし，この呼称は彼らが他者を害する存在といったレッテル張りと誤解を与えかねない。私は「害」という字を用いることを好まない。人間＝障害者ではなく，その人が「障害」をもっているのであるから，障害を除くか，軽減するか，それが難しければ障害をどのように理解し，共にどう生きるかを探求することが心理専門家としての仕事であると思う。私の立場からは，「障がい」は適切な心理療法と周囲の理解と受け入れがあれば，克服できるものと考えている。

クライエントは生来の脆弱性に加え，環境因も加わって心身の健康と，行動・適応に困難をきたしていた症例である。クライエントを健二（仮名）と呼ぶ。以下の文中，健二や関係者の言葉は「　」で示し，Th（セラピスト）の言葉は〈　〉で示す。セラピー中に浮かんだ Th の感情，考え方，判断などは ｛　｝ で示した。また事例集としては，異例のことであるが，50 年余にわたる日英での臨床経験と，私の受けた日本での被精神分析体験，英国でのサンドプレイを用いた教育分析（パーソナル・プロセス）を含むトレーニングなどから，自由連想的に私の脳裏に浮かびセラピーの方向性に影響を与えた内発的な感覚，判断，考察などを註として各ページの欄外に入れさせていただいた。読み飛ばしていただくことは，かまわない。

2　健二のケース報告

健二は来室時 14 歳。中学 2 年生であった。彼の抱える問題は多岐にわたる。まず心身的には，頭痛，疲れやすさ，吐き気などの心身症状を頻繁に訴え，断続的にしか登校できない。落ち着きがなく，何事にも集中できない。身の周りのことができず，忘れっぽい。自信がなく，自己評価が低い。友人関係では，支配されがちで，いじめにあいやすい。

健二は小学校 5 年生の時から児童精神科医のいる精神病院に通い，12 歳の時 ADHD と診断され，2 種類の薬[1)] を処方された。健二の兄も同じ精神科医から ADHD と診断されており，弟である健二に，しばしば暴力をふるうことから，家庭内行為障害という診断も与えられていた。健二は，外目には温和で調整役のパーソナリティーとして映っていた。

1)　塩酸メチルフェニデート，カルバマゼピン当時も今も精神科医のもとには患者が殺到するため，そこでできることは簡単な問診と診断・投薬である。時間をかけた心理療法がなされることは極めて稀であり，心理療法の訓練を受けた精神科医は日本では数えるほどしかいないのが当時の現状であった。

健二は，自分の問題は級友からのいじめからくるものと考えていたので，薬を継続的に飲もうとはしなかった。彼はADHDに関心をもつ児童精神科医のクリニックのグループに紹介された。ところが，彼はそのころ空気銃に熱心な関心をもち，年齢的には非合法であったが，両親は銃の保持を密かに許していた。ADHDのグループでは，当然のことだが，空気銃の所持も，話題にすることも許されなかったので，彼はすぐにそのグループに関心を失い，やがて参加しなくなってしまった。

母は公務員であった。しっかりした真面目な方であった。立場上，子どもの銃の保持・使用は（日本では）非合法でまずいと知りながら，しかし彼が唯一熱心に関心をもち，獲物をねらい撃つという集中と射撃によってのみ，その衝動性を解放できていることを知っていたので，銃の使用を禁じることができなかった。家の外で使ってはいけない，という約束は守っているようだった。セラピーの終了時に彼の父から感謝と共に伝えられたことは，父も健二と同じ障がいに，長年苦しんできたことであった。父は専門的資格をもちながら，それを生かす仕事を続けることができず，育児からも家族からも逃げるようにして，遠隔地で仕事をしていた理由が最後になって明らかになったのであった。

職業をもつ小柄な母にとって，思春期の，障がいを抱えた仲の悪い二人の息子の養育は並大抵のことではないと思われた。一体Thとして，この少年にどの程度の貢献ができるのか，最初はわからなかった。それまで広汎性発達障がい（PDD）の少年，アスペルガー障がいをもつ少年（今日では自閉症スペクトラム症と呼ばれている），自閉的傾向をもつ少年などの心理療法の経験はあり，治るとまでは言えなくても，主要な問題行動，対人関係の改善，クラスへの定着までは可能だと過去の経験から学んでいたことが支えであった。

父は月に2回程度帰宅したが，生活ペースが乱れること，健二のごみだらけの部屋からはみ出したものが，居間に集積していることなどにいら立ち，怒鳴ったり，怒ったりしがちであった。おまけに，父の実家である同じ敷地内の別棟に住む健二の祖母（元公務員）が健二の心理療法開始後，間もなく脳梗塞を発症し，母はその入退院の世話にも追われた。母の肩には三重苦のように，重荷がのしかかっていた。母の我慢強さは，驚嘆すべきものがあったが，その理由は最後になって明かされた。母の父も公務員であったが，その家庭には帰るに帰れない難しい家族事情があったのである。

医療機関の対応は健二の場合，病名をつけられただけで，薬も飲まなかったのでその後の改善も見られなかった。教育相談センターを紹介され，母子並行面接などを受けたが，効果はなかった。最初の診断から，すでに2年8か月の歳月が，過ぎようとしていた。親戚には高学歴で固い職業の人が多い環境の中で，母は健二にどのような未来を描いてよいか見当もつかず，辛い思いを抱えていた。

最初に母親が来室され，前述のような問題と経過を語ってくれた。母の同僚がThを紹介してくれ，藁をもつかむ思いで来室されたことが感じられた。

母は賢い人であり，ADHDのことは本などを通じて知識としてはよく知っていた。健二は人間関係で躓くことが多く，小学校3年の頃から，学校に行くことが大変な状態だった。学業不振，無気力で粘り強く現実に向かっていくことができない。

母から聞いた生育歴・病歴を整理してみると，元来繊細な素質をもって生まれた健二にとって，最初の1年間がトラウマの積み重ねとなっていたことがわかる。最初の1年間とはエリクソンのライフサイクル理論（Erikson, 1982）によれば子が母と最初の絆を結び，その信頼関係に基づいて人格の土台を作るべき時期である。出産は満期正常分娩であったが，出産の影響で出生時に健二に不整脈があり，1週間ほど病院にて検査を受けた。医師にすれば，当然の大事をとった処置であったに違いない。しかし，健二にとって最初の1週間の母からの分離[2]は，母との愛着関係の形成の視点から見ると見過ごせない障がいになった可能性がある。

健二の話に戻らなければならない。彼はその後，4–5年にわたり，毎年検査を受けたが心臓にはまったく異常は見られなかった。生後の健二がしばらく母親の胸に抱かれていれば，不整脈も案外すぐに収まったのではないかと思うのは，素人考えであろうか。健二は生後1か月で，肛門周囲膿瘍となり，その症状は改善しないまま1歳半まで続き，手術により完治した。母との密なスキンシップが重要な時期に，絶えず不快な痛みに苦しめられていたことは気の毒と言うほかはない。ベッドに寝かせると泣き止まず，いつもおんぶしていたと言う。心身の発達の観点から見ると，首の座り3か月，人見知り7か月，歩行1年3か月，言語は1歳6か月で3–4語，2歳4か月で2語文を話した。ベッドに寝かせると泣き止まず，年中おぶわれていた。

産後，母は実家に帰らず，義母に頼り，夫からの世話は受けられなかった。母は健

2)　NICU（新生児集中治療管理室）などで長いことケアを受けざるを得なかった乳児が，思春期を通過することが困難な事例を筆者は何例か経験している。成人に到るまでの追跡調査などはあるのだろうか。私は極小未熟児から育った女性のセラピーをしたことがあるが，ケアを受けること自体に恐怖が見られ，長続きしなかったことがある。また英国で，保育器に入っていた経験をもつ20代男性の深層に残るトラウマ体験と思われる箱庭（Sandplay）表現をみたことがある。彼は「赤ん坊を取り囲む怪獣たち」を箱庭で表現した。心の深層に眠る，意識的には思い出せないが脳に深く刻まれた恐怖のトラウマが，成長してからの対人関係に投影され，人間関係に困難を生じていたと思われるケースであった。

二の妊娠8か月から生後10か月まで産休をとった。10か月で乳児保育を開始。母とそうでない人を見分けるようになって間もない時期である。家庭と職業の事情でやむを得ないとはいえ，本来なら母の保護と安心のもとで過ごすべき時期に集団保育が始まると，母以外の不特定多数の見知らぬ保母との接触，見知らぬ環境，見知らぬ他者に馴染むことを強いられるわけであるから，自分の中の本能的な強い欲求や愛着衝動は抑制されざるを得ない。また集団の中では，自分の要求に真っ先に即応してもらうわけにはいかず，時間と集団にコントロールされた生活となる。健二のように特別の繊細さと傷つきやすさをもった内向的な素質の子どもにとっては，本能的欲求や自己主張は抑制されがちとなり，周囲から求められる良い子であることで適応するしかない。保育園では穏やかな優しい子とみられ，集団で遊ぶよりも，一人で砂や土いじりをすることを好んだ。夜尿，片付けの悪さが目立つ子だった[3)]。

保育園のお迎えは父方叔母がやり，父は育児には関われない状態であった。Clの性格は兄と対照的である。兄は気性が激しく，外向的で強引であるが，健二は受け身で我慢させられることが多かった。小学校時代には，2–3年生では性格の良さがでていた。国語，算数はLD（学習障がい）的で成績が振るわず，いじめを受けていた。帰宅して泣き出したり，怒ったり，いきなり暴力をふるうなどのことがあった。仲間外れにされやすく我慢が多かった。英語は勉強し英検4級をとっていた。小学3年生位から，学校が楽しくなく，不登校が始まり，高学年では虐められることが多かった。

3　心理療法のプロセス

＃1

健二とのセラピーが始まった。初回は母と同伴で来室し，健二と面接した。健二の第一印象は，痩せて顔色が悪く，身体はぐにゃっとして，ねじれたような印象。表情には少年らしさがなく，生気のない老人のような印象だった。このときのセラピールームは，一般家屋の一角にあり，看板も堅苦しい感じもなく，待合室には絵画があり，子ども向けの本やおもちゃが置いてあった。病院やクリニックにありがちな，白い無機質な冷たい感じを避け，子どもに無言の威圧感を与える白衣などは着けず，人と人

3）　このような周産期とその後の特殊事情をよく知ることは，深層心理学的なセラピーの場合，初期の母子関係が再現されるような心の深い退行状態をThが抱え続けるうえで大切なことと筆者は考えている。Thの素質やトレーニングは，ホールディングが有効に働くためのキーとなってくる。たとえ，クライエントが幼い時に親と別れ，記憶になくても，その別れの状況やトラウマは必ず何等かの形で脳（こころ）に痕跡を残しているものと考えられる。Thに抱えられた安心と信頼の関係の中で，トラウマのイメージ的表現がなされ，癒されることで心理療法は有効に働くものと考えられる。

図１　風景構成法

が柔らかく出会う場所，ほっとして心を開きやすい場所をこころがけていた。

健二自身の訴えは，学校へはさみだれ登校の状態。不登校時は，吐き気，めまい，頭痛，足痛，微熱，うつ的などの症状がある。勉強に集中できないときは，頭痛がある。学校ではＴ君に目をつけられ，暴力を受けがちであった。

最初に風景構成法をやってもらった。特に抵抗はなく左下に２つの白い山，右側に萎縮したような世界が描かれた。枯れた田とそこで働く棒状に描かれた人物，右上に輝く太陽を描いた。左下の彩色されない白い２つの山は，彼の心の深部にある乳房への憧憬を示すようだと感じた。右下の枯れた田は家族内や彼の情緒の荒さみを表すようであり，大きく輝く太陽は彼にとっての母親，行く手の希望を示すように感じられた。Thから健二に〈Thの立場では，学校のいじめの問題を解決することはできないけれど，健二君が通ってくれれば，長い目で見て力をつけることができるよう協力したい〉と話した。

＃２

２つの砂箱と，たくさんのフィギュアが並べてある棚に，子どもはすぐに興味をもち，ひきつけられる。健二も棚に置かれたものに関心をもった。〈2つの砂箱のどちらかを選び，棚のいろいろなフィギュアを使って思うような世界を作って欲しい〉と言うと，まず棚から刀を取って砂の上にさっと傷をつけるが，すぐに消した。「自分の頭の中には，戦いしかないっすよね」と言い，大蛇を手にとって「これ，すげえ」と言いつつ，くねくねともてあそんだ。

図２　戦い

はじめてのサンドプレイ（箱庭）である。以下SPと表記する。テーマは「戦い」。手前に森があり，

図２　戦い

左側にはローマ風の柱が４本立ち，大きな建物があることを示している。青い軍服を着た兵士と，茶色の軍服を着た兵士が，戦っているが，両軍は入り乱れており，どちらが敵なのか味方なのかがわからない。戦いの気分はあるが，どういう戦いなのかわからない。

＃3

次のセッションから健二は一人で来室した。彼の母からのメモで，同敷地内の70代の祖母が倒れ，右半身が麻痺したことを知る。この２週間は学校に行けた日が多かったこと，兄弟のトラブルで兄に真正面からぶつかっていったこと，箱庭はとても疲れると言っていたことなどが，書かれてあった。

図３　インディアンと兵隊の戦い

森を示すように樹木が点在し，家もある。今回はインディアンと軍服を着た兵士が敵味方となって戦っている。軍服組には青い軍服の兵士と茶色の軍服の兵士が味方同士となって，インディアンと対抗している。兵士の数はインディアン数の２倍もあり，数の上では軍服軍が優勢に見えるが，インディアンの方は深い森や大樹，小屋や大砲もあり劣勢には見えない。これは，健二の心の中の無意識（本能・衝動性）に近い部分と，現代的な意識的な（攻撃性）部分の葛藤を表すように感じられた。

図３　インディアンと兵隊の戦い

＃4

その次のセッションでは，「前夜に兄から，机の上を片付けるように言われ，無視していたら殴りかかってきて取っ組み合いのけんかとなった」。「お母さんにも怒られて嫌だった。早く大人になって，エアガンの店で働きたい」と健二は言う。カマキリや大蛇を伸ばしてもてあそび，「これサンドプレイのおもちゃに使わない方がいいよ。砂で汚れるから」と言う。〈あとで洗えば大丈夫よ〉と返した。この回のSPでもインディアンと兵士の戦いの場面を作った。

＃5

この回は，20分遅れてきた。「遅れてすみません」〈いいのよ。でも時間の延長はできないからね〉と応ずる。頭が重いと言って，箱庭は作らず，3つの願いとして，「一つクラスが良くなって欲しい，二つ頭が良くなって欲しい。三つエアガン内部の知識が欲しい」と言う。Th が公立体育館で教えているアーチェリーのことを話すと関心を示した。Th の思いは違法所持の空気銃から，関心を他のスポーツに移せないかというものであった。

＃6

この回も 20 分遅れてきた。リュックに重いエアガン 2 丁を入れて持参した。プラスティックのケースを至近距離から射撃。その威力はおもちゃとは言えないもので危険性を感じた。彼が銃を持参したのは，Th に対するテストだったのかもしれない。頭ごなしに拒絶的な反応を示せば，Th に対して育ち始めた信頼を裏切られたと感じるかもしれない。Th は銃がどのような構造になっているのかを，研究する意味も含めて，銃の説明を聞きながら，M203 グラネドランチャーをスケッチすることにした。健二はのぞき込んで，「フーン，うまいね」と言いつつ，銃身の筒が細いと言って書き直しを命じた。銃は健二にとって，単なる遊びの道具ではなく，彼の性格の内向性や弱さを補い，男性性を誇示する道具なのだと Th は感じた。

両親面接

連休で自宅に滞在する父母が来室された。父として，どう子どもと向き合えばよいのかわからないという様子だった。父は健二を連れ出す努力をしているが，健二は同年齢の子どもを見ると恐れる様子があるとのことだった。父は Th がアーチェリーを紹介し，彼が行く気になっていることに感謝の念を表した。銃の所持を黙認しているとはいえ，やはり心配しておられたのだろう。

＃7

健二は時間どおり来室。ピストル 2 丁を持参した。Th が段ボールで的を作って置き，それに向かって生き生きと 100 発余も発射。的の中心から 10–15cm 以内に正確に撃つ。驚くほど正確な射撃力であった。穴だらけになって落ちそうな中心部を拳骨を突き出して破り，穴をあけてすっきりした表情を示す。Th も健二に教わって，的に当たる快感を実感した。｛子ども時代に『アニーよ，銃をとれ』という映画を見たことを思いだした｝。父が，前よりも健二を理解するようになったと言う。兄との関係は相変わらず険悪で，兄から乱暴され，携帯をつぶされ，衣類を破られたと言う。「あんな奴，精神病院にはいればいいんだ。今に殺人鬼になる」。〈君の気持ちはわかる。でもお兄ちゃんにも何か悩みがあるのかもしれないね。セラピーに来たいって言っているようよ〉。　兄の暴力はひどく，それを止められる者がいない状態に強い困惑を感じなが

図４　的を撃つ健二

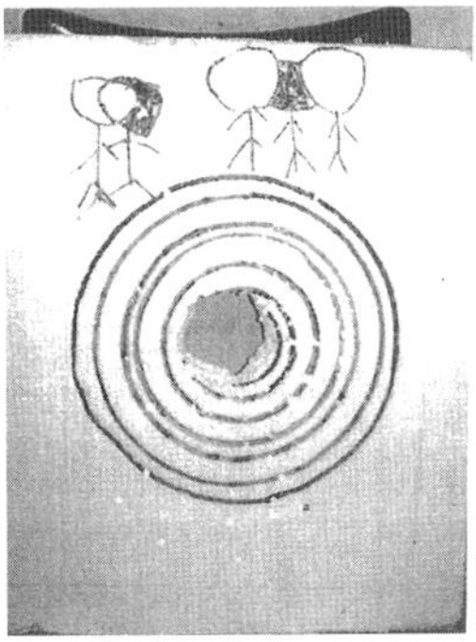
図５　穴の開いた的

らも，今は健二に内的な力をつけることしかできない。

空気銃は家の外に向かって撃たないという約束は守っているようだった。

サンドプレイの創始者ドラ・カルフ（D. M. Kalff, 1980）は，その著書の中で，学習障がいのある 12 歳のキム少年の事例をとりあげている。キムは心理療法で彼のこころの中の防壁（Kalff, 1980, pp. 45–46）を SP で表現し，自由に遊べるようになるにつれ，空気銃で破壊したくなった。カルフは彼をワインセラーに連れて行き，キムはワインの空き瓶を粉々にして満足した。カルフは，次に四角い机を的にして撃つことを許した。それは破壊というよりは全体性を示す四角を撃つことが，彼自身の中心に到達しようとする試みであることをカルフが見抜いていたためである。ユング心理学では丸（円）または正方形は自己の全体性を示す象徴とされる。

健二は丸い的に神経を集中して当てることで，鬱積した攻撃性を十分に出し尽すと同時に，自分の中心に到達しようと試みているようであった。

図６　車の衝突

この日作った SP は，彼の現実を反映するかのように，車が何台も衝突し，パトカー，レスキュー車などが駆けつけているというものであった。

図６　車の衝突

＃８

このセッションでは，家庭の中での寂しさを健二は言葉で訴えた。「家に帰っても，一人で寂しい。

一人で飯食って，きっと親は俺の誕生日忘れているに違いない。先生，何かプレゼント買ってよ。先生，今日時間あったら，KH（町のおもちゃ屋）に行こうよ」と親に対するような甘えを示してきた。セラピールームが堅苦しいクリニックのような感じでないのは良いとして，反面彼のように一度信頼関係ができかけると，面接構造が崩れやすいことをThは意識していた。今回初めて，次回の予約を自分で取って帰った。母宛てにメモを書く。〈健二くんは寂しい思いをしています。誕生日を忘れられると言っています〉と。

#9

アーチェリーに行ってみたが，姿勢を治すのに半年位かかると言われ，ショックを受けたと言う。頭痛，腹痛，吐き気を訴える[4]。

彼が理想の人として見ている友人は，サッカーのエースで，成績は二番，祖父の兄弟は三人大学教授といった人である（彼と彼の家族からみた理想化された友人像である）。

「父が（遠隔地に）転勤になる。ぶっ殺してやりたい」。棚からピンクのスーツの女性のフィギュアを取り「爆弾付けて爆発させてやりたい」とつぶやく。父に激しい怒りを感じながら，その敵意が女性像に向けられる。その理由がこのときまだThにはわからなかった。

#10

30分遅れて来室。学校がやっと終わったと言って，成績表を見せてくれる。出席42日（54%），欠席29日（39%），遅刻3日，オール2。欠席も多いので，彼が学校で出せている総合力と判断された。Thが評価する立場の人ではないという信頼を示してくれたことはうれしかった。先生からの評として，《新たな気持ちで頑張ってい

---

4)　大学病院の小児科からの紹介で心身症的訴えをもつ子どもを多く見てきた経験をもつ筆者（戸塚，1989）は，子どもの身体的訴えの多くは，家族や環境から受ける影響と無縁ではないことを理解していた。身体の病気そのものからくる訴えであるかどうかについては，医師との連携体制など，十分注意する必要はあるが，こうした訴えは心理療法の経過でほとんど消失することが多い。日本人は，自分の感情や意見を言葉で表明することが，西欧人と比較すると少ない民族である。特に集団，会社，学校，家族関係の中でも上下関係に意識的であり，意見や感情を表明しない傾向がある。怒りや不満を抑え込む結果，胃腸障害など身体症状でそれを身体言語的に表す傾向がある。それだけ無意識が深いとも言えるし，意見や感情を表に出して攻撃されるよりも，身体症状でアピールする方が安全で対処しやすいし，周りの同情も得やすい。日本語には，感情を表すのに「腹が立つ」「頭にきた」「歯がみする」「奥歯にものが挟まったような物言い」「臥薪嘗胆」等々，身体と連動する表現が多いが，英語にはあまりない。心身症になる人には，適応的で良い子，外からみると良い人が多い。大人の心身症は長い個人史とその人の性格や気質に取り込まれている側面があるので，心理療法は容易ではないが，子どもの場合は心の成長と共に，また家族や周囲からの子どもへの理解や対応を工夫することで，割合早く解決を見ることが多い。

こうという思いが伝わってきた。友達関係もよくなり，穏やかな気持ちで学校生活を送っている。運動会で 1,500m を走り切った姿が印象に残っている》とあった。成績至上主義のような現代日本で，この先生は，健二の様子を心にかけ，現在のわずかな変化も見守ってくれている方だと安心した。周囲の温かく寛容な見守りがあってこそ，クライエントは自分の内面に取り組むことができる。

図７　迷路

図７　迷路

「作るとしたら，迷路だな。大きな迷路の中でうろうろしているイメージしかない。森の中でうろうろしているんだ。自分はこの辺にいる」と言いながら，中心に近いところに小さな剣をズブリと刺す。Th は健二のこころの中核にある傷とその痛みを感じた。

迷路は円柱で示された構造物，たくさんの樹木，大きな枯れた倒木，点在する岩などでできており，左下の心の深部から上へ向かい，その突き当りを右に迂回して下がり，また上へあがり右上に抜ける構造になっている。その中央部分に小さな剣が地面に刺さり，柄だけが地上に見えている。中心にある心の傷を癒すことが，先への道をつなぐことになるのだろう。

迷路（ラビリンス）からの脱出はサンドプレイではよく出てくるテーマである。

＃11

夏休みに入って初めてのセッション。５分遅れで来室。「疲れてボロボロになった街を作りたい」。彼の攻撃性の背後にある，寂しさ，荒廃を表現するつもりなのだろう。

図８　疲れてボロボロになった街

図８

しかし，でき上がった SP には，一軒だけ廃屋風の家はあるものの，静かで整った水辺の街並みとなった。

彼の好きな科目である英語の話題になった。「先生，英語話せる？」。〈少しね〉。1,000 単語の本を出し「希望は？」。〈ホープ〉とテストをされる。Th は健二が 1,000 単語の中から「希望」という言葉を選んだことに偶然とは思えない「希望」を感じた。「父が今週帰宅する。疲れているだろうな」と初めて父への思いやりの言葉が出た。

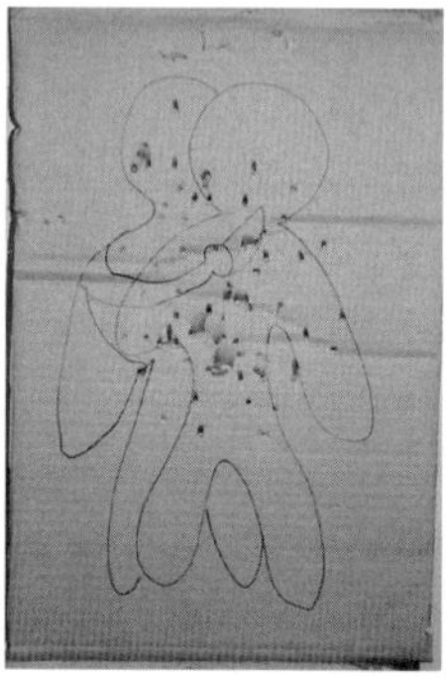

図９　人型の標的と銃弾の跡。後ろの人型はナイフを前の人型につきつけている。すさまじい攻撃性が安全なセラピー環境の中で表現された。

＃12

次のセッションには 30 分遅れてきた。人懐こく活発に話す。銃のカタログを見せ，銃の新しいバッテリーのことなど夢中でしゃべり，前回作った人型の標的に連射した（図 9）。

図 10

図 10　互角の戦い

戦っているところ。兵士が森の中で，左右二手に分かれて戦っている。両方が一番重要な村。両軍に大砲があり，兵士は 3 対 3 で互角である。樹木が何本か倒れている。注目されるのは青い軍服と茶の軍服が，双方に入り混じっていることだ。兄との喧嘩や闘争がよく話題になっていたので，初期には青い軍服と茶色の軍服は兄弟を分ける色かと思われた。しかし，それが入り混じっているということは，二人とも ADHD を抱えており，不満やストレスを抱えやすく，情動が攻撃性に転化しやすいという共通点があること，それゆえにお互いが攻撃関係になりやすい。その意味では，敵とも言えず，味方とも言えないという微妙さを抱えた兄弟関係，しかし「両方とも重要な存在」にあるということをこの SP は示しているようだ。

母からのメモ：担任から《以前より（健二が）ずっと明るくなった》と言われました。母親には反抗的です。少しずつ前進しているように感じられます。

変化は外界の人にも，感じられている。

＃ 13

10 分過ぎに来室。自転車を買ってもらったと言う。バスは路線に 2 つの踏切があり，時間が遅れがちであることから，なるべく間に合って来ようとする健二の意欲を感じて，頼もしく思う。近くの玩具店で空気銃の弾を買ったということで，最初に，ダダダッと弾を撃った後，SP にとりかかる。

図 11　破壊される街

図 11

「何作ろう。思いつかないなー」と言いつつ，「ボロ臭い街で戦っている。戦うのが好きで戦っているんじゃない。敵味方なく，いやなのに戦っている」。爆弾で吹っ飛んだ建物，エアガンで砂を撃ち，砂に穴が空くと「あー，こういう感じ」と BB 弾を何発も撃つ。街に建物や樹木がいくつもあり，大砲や兵隊など地上戦に対応できる装備はあるのだが，どうやら爆弾が降ってきて建物は一気に破壊され，なすすべがない。街を圧倒的に破壊する大きな力を表現する。イメージの世界では，思う存分空想の世界に浸りながら，砂が飛び散ると「あー，先生ごめんね。砂をとばして」と気をつかってくれる。

「これから帰って家庭教師だ。あー，疲れたー」と言うが，口調は軽めに聞こえた。

母からのメモ：家庭教師の先生と約束して勉強を少しずつやっていますが，かなり負担のようで，わからないと頭を抱え込んでいるこの頃です。

イメージの世界で大きな破壊力を表現しながら，それだけにのめりこむことなく，現実場面での立ち位置や重さを認識し，受け止め始めている。彼の立ち向かうイメージ世界の破壊性にも，現実世界の重さにも，胸が締め付けられるような辛さがある。健二のセラピーに向かいあう真剣さと，その展開に希望を託すしかない。母や先生のサポートも外からそれを支えてくれていると感じる。

＃ 14

20 分遅れる。夏休みに入ってよかったことは，2 年までの数学のやり方がわかったこと。この日，セラピールームの前の駐車スペースでビール缶 10 本を空気銃で撃てるように用意した。4 本には水を入れてあった。狙いは実に正確で，缶に穴が開き，水が流れ出す。健二は缶を靴底でぺちゃんこに踏みつぶした。母に内緒で，ショットガンを買ったことを打ち明ける。夏休みに親戚関係の叔父さんと遊びに行き，釣りをしたり，ボートに乗ったりして楽しかったことなどを話す。Th はセラピールームの外に出ることは，このとき限りにした。母に無断でショットガンを買った話を聞き，サイコセラピーの構造を崩すことは彼にとってマイナスになりかねないと判断したからである。

見守り続けてきた母には素直な健二であったが，これまで反抗期もなく，男性同一化のモデルになるような父の存在も薄い健二にとって，第二反抗期という人格形成上のイニシエーションを果たすには，内面的な男性性の獲得が必要である。彼の場合，通常 2–3 歳頃現れる第一反抗期がほとんどなかったことから，ここでそれが一気に出るとすると，相当な圧力で噴き出す可能性があると予想された。とはいえ，秘められた強い衝動性と爆発性が一気に外界を破壊し，生きていく世界を狭めないように慎重に見守る必要があった。攻撃性の発露はセラピールームの中のイメージ的展開と，許された銃射撃の範囲にとどめおき，家庭内でも家の中だけに制限する必要があった。日中一人になる時間の多い健二には，叱責や表面的な外からの罰則や約束事は有効ではない。Th との信頼関係のもとに，試行錯誤しつつも，自分の中にコントロールの力をつける必要があると Th は考えていた。

図 12　町を襲う巨大な大蛇

「めちゃめちゃに破壊された町を作るしかないな」と言いつつ街を襲う巨大な大蛇に対して，兵隊が町を守ろうとして戦っている。

これまでは，どちらが敵なのかわからない戦いだったが，敵のイメージが焦点化されてきた。大蛇は町を大きく旋回し，それと戦う兵士（青い軍服と茶色い軍服が協力）は大蛇に踏みつぶされる者あり，正面から果敢に戦っている者もいる。大蛇は思春期の彼を突き動かす性的衝動の象徴かもしれないし，彼の成長を願いながら，無意識では，彼の反抗を恐れるが故にその成長を阻む母親の姿の無意識的な象徴かもしれない。

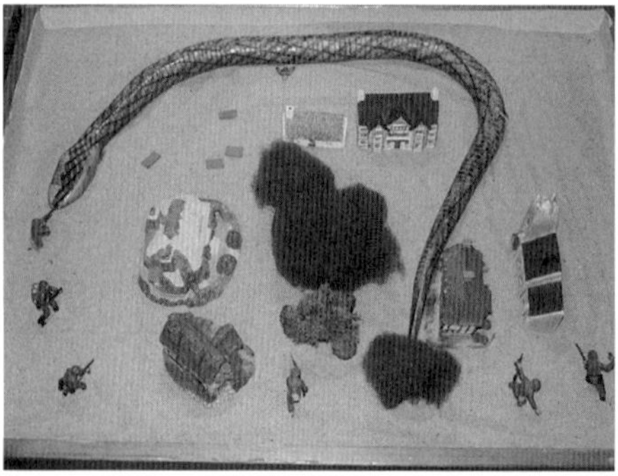

図 12　町を襲う巨大な蛇

母からのメモ：学校の宿題，補習，家庭教師から出された課題のことがいつも健二の頭に重くのしかかっていて，「集中できない！」と口癖のように言っています。友達とはよく付き合い，良く喋り，前とはずいぶん違ってきました。それだけ口も達者で，理屈っぽく反抗的で困っていますが，戸塚先生への連絡も自分でするようになり，変わりつつあるなあと思います。

＃15

新学期が始まり，最初のセッション。予約は健二自身が電話で取り，時間どおり来室した。「疲れたー」と入室し，おにぎりを出して食べる。「先生，麦茶頂戴。氷入れてね」と注文。学校から帰り，その足で40分かけて自転車で来室するので，おなかがすくのだろう。セラピーのルールに沿わないが，臨機応変の対応を取ることにし，お茶をサービスした。

「友達の顔見たくない」と言うので，〈誰の顔？〉と聞くと，「女子全員と特定の数人」と言う。何があったのかは，語らない。ドイツのゲッキ・オン・ザ・ロックという銃を組み立て，発泡スチロールの板をめちゃくちゃに蹴ったり，壊したりし始める。「先生，カッターナイフない？」と言って，発泡スチロールの板で人型を切り始める。途中「サンドプレイをやらなきゃ」と言って，とりかかる。この日は2つのSPを作った。

図13

左の砂箱の真ん中に十字架の墓を2つ置く。Thは運命的な試練を背負い，苦しみの中にいる父と母の象徴のように感じられた。Thのサンドプレイ経験では，家族機能がうまく働いていないとき，墓が象徴として登場することが多い。

SP（図なし）　海から来たオートバイ

右の砂箱には，右側に海，左側に陸を作り，陸には家や車が置かれ，そこでは市街戦がくりひろげられている。青い軍服軍と茶の軍服軍が争っている。そこに海の中からオートバイが上がってきて波打ち際に停車する。ユング心理学では水を無意識を象徴するものとして理解する。無意識を表す海の中から現れたのがオートバイとは，メカ好きな健二らしい表現だが，心の深層にあるエネルギーが陸（意識的領野）に現れたと見てよいだろう。

細かな出来事は語らないのでわからないが，学校でも家でも面白くないことばかりで，暴れまわる感じであった。発泡スチロールをめちゃくちゃに粉砕し，床は破片でいっぱいになった（図14）。怒りが噴出し破壊行動となって，セラピールームという安全枠の中で表現されたことの意味は大きい。

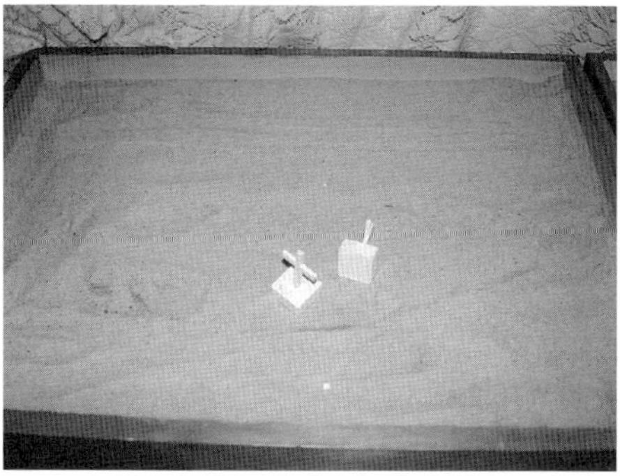

図13　2つの十字架の墓

健二は，ふとわれに返り，床一

図 14　「破壊」床に散らばる発泡スチロールの破片

面に散らばった発泡スチロールを見て済まながり，「先生，ガムテープでとれるよ」と気遣い，助言してくれた。父は不在がちで，母の肩にかかる仕事，家事，育児，介護の重圧。そうした家族内力動のアンバランスや，学校生活から影響されている健二のストレスを受け止め，その傷を癒す場はセラピーの場しかないことを Th は理解していた。Th の守りの中で存分に憤懣や攻撃性を表現として発揮して解放感を味わい，同時にふと現実の我に返るとそれが，Th に負担をかけていることに気づく。健二の本来のやさしさ，感謝と気配りを Th は感じた。このセッションでは銃の発砲はなかった。

母からのメモ：健二は 2 学期に入って一度も登校できていません。昨晩食事の時，《月曜って学校が始まるからいやだよね。でも日曜日って前の日だからもっと嫌だね》と話しているのを健二は黙って聞いていました。《健二は毎日が日曜日，つらいんだよね》と言ったら，うなずいていました。本人の気持ちを考えて見守っているところです。

母の理解に健二は救われている。Th もありがたく思った。

次回の予約の日には来なかった。大暴れの後だったので，来づらいのかと思い来室予定の 1 時間後に連絡すると「あー忘れた。身体の具合悪くて。今学校行ってないんですよ」と。

16

その次の回には，時間どおり来室。前回のように無断キャンセルの場合，キャンセル料をいただくことになっていると言うと「金取りすぎ。金持ちすぎる」と言うので，〈これがルールなの。保険がきかないのでね〉と説明。兄との喧嘩について。兄から学校のことを言われるとキレて殴り合いになる。ドアや壁も壊れる。〈殴り合いで，怪我をしたり，警察沙汰になったりしたら困るね。なるべくお兄さんと顔を合わせないようにね〉「兄が母を殴る。毎日，500–600 円の小遣いを要求する」。健二は母を殴ったりしない。小遣いは月 1,500 円。でも先月 14,000 円のショットガンを買ってしまった（貯金は持っている）。人型を段ボールで 12 人作り，持ち帰る。「今日母ちゃんにお菓子買って帰ろうかな。売春してる子がいて，明日 5 万もらうって言っている」。家も学校の環境も荒れていることを Th は感じた。

前回と今回のセッションの間の夜に，Th の自宅に母から電話がきた。（激しい兄弟げんかのため，家の中のドア・壁などが壊れたことに関して）母の大変さに対しては同情を覚える。健二には，幼児期に反抗期もなかったため，自我の形成が弱く，またいじめも受けているため，抑圧された怒りや攻撃性がセラピー場面では，今強く表現されている。バランスのとれた人格形成のためには，通過儀礼のようなものだが，兄との関係では強く出てしまうのだと思う。家の中でそれをコントロールできる父親がいないため，母は大変だと思うが，これはやがて通り過ぎると思う。健二には，兄との接点を減らすようにと助言している等の話し合いをする。

母からのメモ：いろいろお話を聞かせていただき，ありがとうございました。今の状態も健二が過ごす道と考えて，接して行こうと思います。

＃17

「俳優名を 100 人言えたら，300 円くれる？」〈できてから，考える〉。健二が早口に言う名前を Th は書きとっていく。49 名挙げたところで，「学校行ってるよ。勉強が楽になってきた」と言う。俳優を 100 名挙げるのは苦しくなり，日本の俳優や監督名を挙げてもいいことにする。その記憶力に驚く。日本人は，高倉健，ビートたけし，広末涼子，宮崎駿，黒沢明などを挙げる。名前が挙がったところで終了。健二は懸賞に応募することに熱心なので，往復はがきをあげることにした。通常のセラピーでは，モノのやり取りはしないが，これも健二向けの例外的措置として行う。

図 15

建物と数本の木。中央にレンガの丸い場所。建設が始まる前兆のように見える。その場所は，図 7 の「迷路」の中心部に近い剣が刺してある場所と，ほぼ同じ場所である。SP 5 の表現により傷が意識化され，癒されることで新しい建設という変化が起こる前兆のようだ。

図 15　建設が始まる兆し

＃18

前回の続きで，健二は俳優名を挙げ始める。106–127 で尽きる。次に特殊部隊の略称として SWAT, SAT, SAS, …など挙げていく。Th はまったく手も足も出ないので適当に言うと，「口から出まかせ言うな。このくそババア！」と手厳しい。Th が笑っ

図16　車の衝突

ていると，「ね，先生，金くれ，金くれ。ロード・オブ・パーティション見に行くんだ。先生お母さんに言って！」〈自分で言いなさい〉「じゃあ，先生お金だして」〈出せない〉「ビデオで黒沢借りていいって言ってたでしょう？」〈言った。でも黒沢だけ〉どんどん境界を踏み越えてこようとする。対応の中で境界を引くことをThは意識している。

母よりのメモ：今日は今学期に入ってから登校5回目でした。（10月上旬）中間考査のためやっと登校。別室にて一人で受けています。

図16　車の衝突

住宅街。樹木と建物が点在。中央に道路。車がパトカーに衝突。左下にはピンクのオートバイが横転している。

＃19

「今日は重装備できたよ」と銃の一部を見せてくれるが，撃たない。大蛇をくねくねさせながら，ずっといじっている。「ダイハード見た？」〈見てない〉「トレマーズは？」〈？？〉「陸のジョーズだよ」〈え？陸にサメがいるの？〉「ばっかだなあ。陸にサメがいるはずないじゃんかよ」〈あー，そうかあ（何のこっちゃ？）〉とClの話についていかれず，お話しにならない。エルビス・プレスリーの話が出る。

「今日は試験だけど，行かなかった。今日のは，行っても意味ないから」と勝手な理屈を言う。Y国際学園（フリースクールらしい）を受ける話が進んでいるようだ。

図17　巨大なカマキリと大赤エビ

3人の兵士がカマキリを狙っている。カマキリに落とされた戦闘機。1人は後ろに巨大赤エビが迫っているのに気がつかない。

カマキリは健二の無意識のネガティブな母親像であろう。戦闘機を落とすほどのパワーをもっている。とりあえずの敵はカマキリだが，1人の兵士の後ろには，巨大な赤エビがハサミを広げて狙っている。これまでの武器や近代兵器との戦いではなく，なまなましさのある巨大生物との戦いになっている。健二自身も意識していない家族の無意識的な情動の影響がありそうである。

段ボールをはがして，中がどうなっているかを見せてくれる。〈フーン，面白いね〉

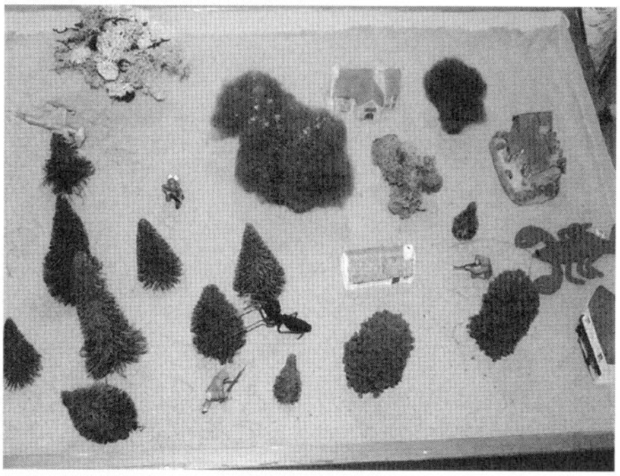
図 17　巨大なカマキリと大赤エビ

と言うと「心にもないこと言ってる」と不信感を示す。母から今回はメモというより短い手紙が来た。《健二が珍しくセラピールームのことを言い始めました。『僕は自分でもよくわからない。良くなっているのかどうか。好きなように砂に物を置いていくだけで，先生はそれでいいといったけど……』『続けてみるか，ちょっとやめてみるか，それも考えてみるね』などと言うのです。本当に先生のおっしゃったとおり，自分ではわからないのだろうと，私も納得しましたが，本人がセラピールームに通うことをそのようにとらえていることをお伝えしたくて書きました》。

母への返事〈セラピーは，だんだん焦点が合ってきましたが，まだ時間がかかります〉健二に，〈サンドプレイの最初の頃は，やたら銃撃戦で，どっちが敵なのか，何が敵なのかわからなかったけど，段々敵の正体が見えてきたね〉と言うと，「言えてる」と，初めて Th の言葉を信用する感じが伝わってきた。図 17 には，彼が戦うべき相手は，健二の心の深層にあるネガティブな両親イメージであることが現れている。これがセラピーの 1 つの大きな課題であるが，直面しにくく不安も強くなりがちである。その抵抗感が「良くなっているのかどうかわからない」という表現で現れていたのだろう。銃は持つが，敵は外ではなく彼のこころの内側にいる。

＃20

次のセッションでは，家で段ボール製のヘリコプターを乗っている人間ごと燃やし，その燃えカスを持ってくる。兄に殴られた腹いせらしい。失くしたと思った金が机の中からでてきたとうれしそう。「前に父から言われたけど（自分は）夢遊病なんだ」（自分でやっていることを覚えていないという意味であろうか）。学校は辛い。言葉で言い表せないほど。

図 18

火事の消えた現場で現場検証しているところ。〈どうして火事になったの？〉どこかのバカが火をつけた跡。9 人の消防士と羊飼いと一般市民がいる。自分のカッとなりやすい衝動性を反省的に見る心の動きが起こっているようだ。

母からのメモ：兄とトラブルを避けていましたが，我慢できずに兄に向っていき，

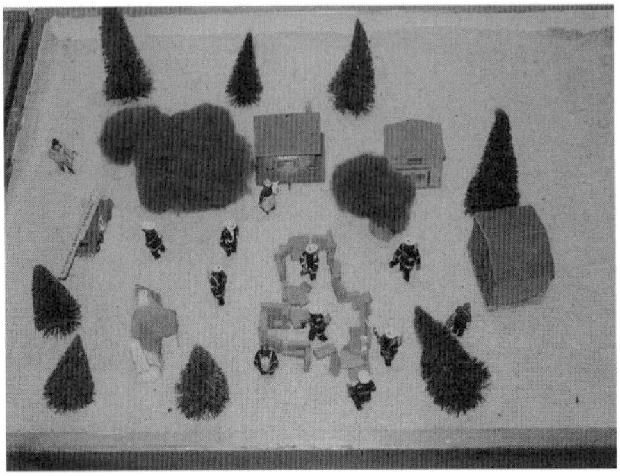

図 18　火事の現場検証

頭を殴られ，痛くしました。登校はその後，できていません。高校受験を 12 月初旬に予定しています。

おしゃべりしながら，段ボールでジェット機を作る。「ぶっ壊すか，燃え尽きるか，どっちかなんだ」と，口は過激だが，バランスのとれた親しさを示すようになってきたと感じた。「こないだ来た時，先生がただの静かなおばさんじゃないとわかった」と言う。「このまま治らなかったらただじゃおかない」とも。爆発やテロ事件に触れた話題が多い。モスクワでテロがあったこと，日本の国会議員が刺されて死んだこと（事実なのか，昔の話なのか Th には不明）。父が専門的資格を持っているが，営業の仕事をしていることなど。父は自己実現できない悩みをもっているのかもしれないと Th は思う。

21

「今日は来たくなかった。合唱祭に出た。段ボールで作った戦闘機を持ってきた」よくできていて，手先の器用さを感じる。

図 19　作品

持参した戦闘機を砂箱の中央に置き，周囲に樹木を 2 本添える。

両親とある作曲家兼歌手のコンクールに行く予定と言う。うれしそう。

図 19　作品　戦闘機

「父さんに愛してる人がいたらどうする？」と突然聞く。〈どっちかを選ぶの？〉と聞くと「両方愛してるといったら？」。Th は健二が彼の父のことを話しているのだと思う。このところの兄弟の荒れようや，不登校が続いていること，「火事（火宅）とその後の現場検証のテーマ」は，おそらくその修復のための夫婦コンサートなのか？以前，ピンク色のスーツを着た女性に「爆弾を付けて自爆させたい」といったのは，このことだったのか？と思い当たる。

図 20

家や樹木に取り囲まれた場所に車があり兵士が車を取り囲んでいる。家の外周に近いところにいる兵士２人のそれぞれの背後に，カマキリ（左下）と大きく口を開け，するどい歯をむき出したアンコウ（右下）がいる。「車の中に敵がいると思っていたが，本当の敵は後ろにいる」背後から襲いかかられる脅威は，両親間の葛藤の中に置かれた対応の難しい不安や脅えを表現しているようだ。

図 20　背後のカマキリと大アンコウ（右下）

＃ 22

健二は頭痛を訴える。コンサートから帰ってきたら，犬が寂しがって泣き，その声に腹を立てた隣家の中年男性が怒鳴り込んできた。男には小指がなかった。男が帰った後，兄と二人「あいつを殺してやる！」と興奮した。サポート校に願書を出しに行った。銃を持参。銃にダブルマガジンクリップという部品を装着する。隣家の男の影響で，防衛意識が強まったようだ。

母からのメモ：昨日中学で三者面談があり，受験する高校を決めました。サポート校ですが，家族でも何回か説明会や見学会に行き，健二に合う学校だと思うので，明日願書を出しに行きます。12 月 4 日が試験面接。行き先が決まることで，安心して勉強に向かえるとよいのですが……。

図 21

市街地で，青い軍服の兵士３人と茶の軍服の兵士３人，計６人が協力して男を撃ち殺した。撃ち殺されたのは，怒鳴り込んできた隣家の男らしい。イメージ表現することで，怒りが少しはけることを願う。外界からの攻撃に対し，初めて兄弟が共通の敵に対して味方同士として協力して対抗する姿が

図 21　兵士たちが男を撃ち殺す

ここに表現されている。

今日は記憶力ゲームで往復はがき5枚を勝ち取り，良かったとにっこりして帰る。

＃23

健二は「あー疲れた」と言いながら来室。先週は学校に行っていたが，今週は行っていないとのこと。

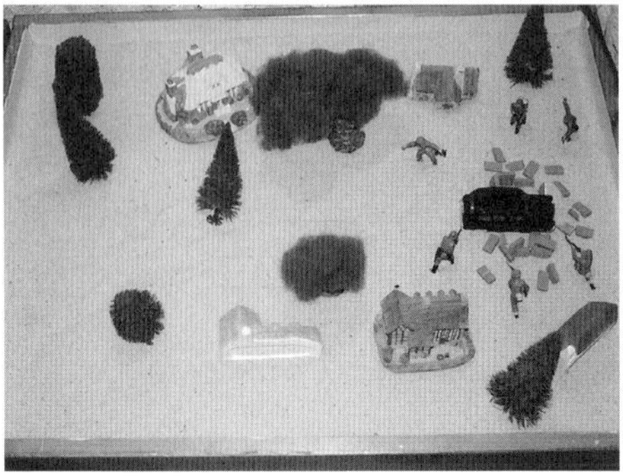

図22　家を破壊する黒い車

図22

車が突っ込んで家を壊した。車には隣のおやじが乗っている。兵隊たち（青・茶の制服を着ており以前は敵同士だった）が共同で車に銃を向け立ち向かっている。前回のSPで隣家のおじさんを殺したのにもあきたらず，まだ足りないのか再び銃を向けている。しかし，この車は左下から弧を描くように走り出ており，家を破壊している。おじさんによる怒鳴り込みが引き金となって，家族の深層にある怒りが外在化され，となりのおじさんに投影されて再度兄弟で向かい合う必要ができたのかもしれない。

2つの段ボール箱に新聞紙を詰め込んで片方の開口部に的をつけ，持参した銃で350発位撃ちまくる。

今日は「ゴミから資源へ」という題の作文のコピーを持ってきてくれるはずであった。最初「忘れたー」と言うが，Thの方も今日もって来ると約束していたプレスリーのCDを〈今日，忘れてきたー〉と応酬すると，「エエッ本当？今日作文持ってきたんだよ」と慌ててポケットからくしゃくしゃに丸めた作文を出す。Thが紙を伸ばして読んでいると「感想言わないで！」と言う。批判を恐れているのだろう。〈とても良く書けていると思うよ。TVの番組を見てショックを受け，考え始めるところが特に良いと思った〉と伝える。「廃棄されたものが，リサイクルされる」テーマには，健二の遺棄された心と回復のテーマが語られていると感じた。生まれて初めてちゃんとまとまった作文が書けたと言う。「企業（作り手）は最後までその製品の面倒をみて」という子育てへの隠喩的メッセージが感じとられた。

＃24

セラピー代金入りの封筒を断りなく破り，母に両替してと言われたと言って，千円札に替える。相手への了解なしの越権行為が目立つようになっている。母とクライエントの距離感，Thとクライエントの距離感についてThは今後どのように言葉で対応したらよいか考える。

図 23

悪い奴が人を殺したがっている。ここでは兵士が悪い奴らで，市民は怖がっている。健二の怯えは，SP の中で市民一人一人が兵士から銃を突きつけられていることに示されている。健二のアイデンティティーは兵士から市民の側にシフトしていることがわかる。街の中に隠れるように巨大な赤エビが背後に潜んでいる。

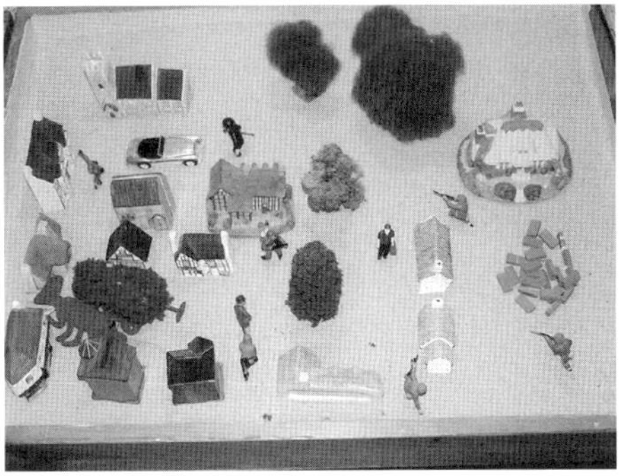

図 23　悪い兵士たちが市民を脅している

健二のくしゃくしゃの作文に Th がアイロンをかけ，コピーしたものを持ってきた。それに表紙をつける作業を一緒にする。表紙に好きな色の中厚紙を選び，作文のコピーを挟み，ホチキスで止め，題名を書き込んだシールを貼るという一連の作業を，健二が自分で取り組めるよう側面から援助する。上手に器用に仕上げることができた。

「おばあちゃんの退院祝いのカードを作る」と言い，ピンク，ブルー，白のカラー用紙を選んで持って帰る。

 # 25

頭痛を訴えつつ来室。父母と面接の予定なので，健二は SP の写真から，親に見せていいものといけないものを選んだ。自分を良い子に見せたいと，親の目を気にしていることがわかる。本日は銃を持参せず，段ボールの人型を 12 個作って持ち帰る。家に帰って撃ち殺してやると。

図 24

兵隊がとなりの親父の乗った車を襲っている。本日は銃を持参せず，SP の中でイメージ的に攻撃性を表現する。襲われている車は，これ以降健二がアイデンティティーをもつ緑色の車であることは興味深い。つまり隣のおじさんに象徴される悪は自分の中にもあると気づき始めたのであろう。し

図 24　兵士が隣のおじさんの乗った車を襲っている

かし，それを認めたくない気持ちがあるので，樹木でおおいかくしているのであろう。

前回，相談料入りの袋を断りなく開封したことについて，それは母と Th の間のやり取りだから，黙って開けてはいけないと話す。それに対し「高けー，ぼってる」と言うので，健二にはそれだけの値打ちがあること，健二が支払っているのではなく，母親が支払っていること，公務員は男女同一賃金であり，夫婦共働きだから大丈夫と話す。支払いが困難なら値引きすることもあるが，それは，事情があって収入が少ないような場合などと話す。セラピーの目的は学校に行かせることではないが，結果的には行く場合が多いとも話す。こうして言葉できちんと話し合ったことについては，その後二度と揉めることはなかった。信頼関係ができた後では言葉が入ることを感じた。

母からのメモ：今回，期末テストを初めて欠席。ずっと登校しない日が続いています。

＃26

次のセッションでは来るなり「（高校の）試験落ちたよ」と言うので〈そう，残念だったねー〉と言うと，「嘘だよ。合格だ」と言う。〈そう，良かった！〉とほっとする。相手の気持ちや反応を試す傾向がある。T 国際学園高等部というサポート校である。作文と面接があったと言う。「校則は守れますか？」と聞かれ「守ります」と答えたそうだ。

「受かったら，料金安くして。入学金 100 万もするんだ」と言う。〈ここへ来てるから受かったかもね〉と言うと「うそだー！」と。人型を 5-6 個作り，2 つを的にして銃を撃つ。友達との連絡のため，携帯を始める。〈今度から，面接中の携帯はだめよ〉とやんわりと注意。

図 25

建物と樹木のある町中で，同数の兵士が二手に分かれ，対決している。

図 25　兵士の対決

自分と対決するものが明確になってきたこと，高校への入学が決まったことなどが影響してか，頭痛はほとんどなくなり，姿勢も背がすっと伸びて，表情もさわやかになっている。改めて内面の問題の解決と，外界に自分にふさわしい所属する場所があることの大切さを思う。

父母への面接予定のことを伝えると，「ここで銃を使っていることを言わないで。スライドは僕が良いといったものだけにして」と言う。両親には良い子と思われたい気持ちと，セラピーの場が，両親に言えない秘密をThと共有する場所になっていると認識した。

＃27

隣のおやじのことで息巻く。「隣のおやじが，子犬に口輪をはめるか，殴り殺されるか，どっちが良いか考えろ」と言ってきた。夜，仕事して，昼間寝ている人。近所のおばさんが，たしなめてくれたが。「あのおやじ，殺して罪にならないなら，殺してやる。十字架に張り付けにして，足に穴を開けて，アルコールを流し込んでやる」と息巻く。言ってしまうと少しすっきり。電光石火の勢いで段ボールの人型を作り，「これをあいつの代わりに撃ってやる」。「10回チャリで遅刻なしできたら，ハガキ5枚くれ」〈いいよ〉高校入学祝いにハガキを2枚あげる。高校の校長先生は良い先生。生徒の立場に立って考えていると，彼は好印象をもっている。彼の担任教師のように，生徒の様子をよく見，関心をもってくれている先生はおられる。しかし，公立学校全体の雰囲気の中に，個別の生徒の立場に立って考えてくれていると感じられないものがあるとしたら，残念なことだ。特に優等生とはいえない健二のような子どもにとっては。

母からのメモ：高校が決まってからは，以前よりは登校できています。犬をめぐって近隣と緊張関係になるのですが，1日2回の散歩も嫌がらず，かわいがっています。

明日，おばあちゃんが退院する。建物を改造し，庭も車いす用に整備した。叔父さん，父，健二が迎えに行く。「今日は見せたいものがあるんだ」と言って，飼い犬のビーグル犬と，霜で凍った原っぱに咲いた不思議な「氷の花」の写真を見せてくれる。健二の冷えた閉ざされた心にようやく咲いた花だという印象を受けた。

図26

怒鳴り込んできた隣家の叔父さんへの怒りが収まらず，SPでは「車で兵隊を撥ねつつ走り去る車上の犯人」と表現。兵隊は銃で車を撃っている。街の人々（働く人，ホームレス，ジェントルマン，船長，工事人）などがいる。車は左下から弧を描くように右側に進み，レンガの建物を破壊した。車が来た左下は心の深い部分であ

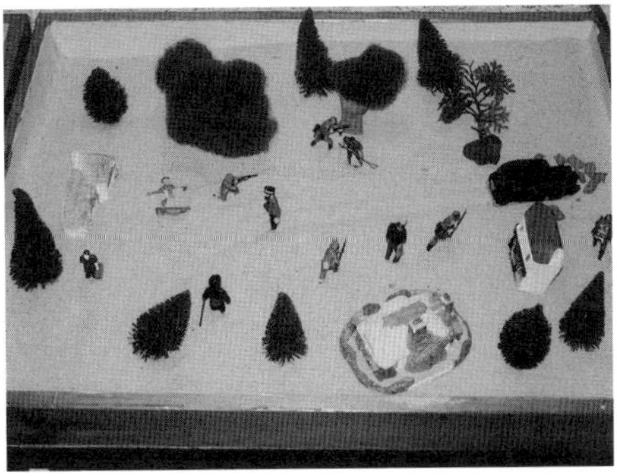

図26　兵士を撥ね走り去る犯人の車

り，そこに健二の外傷体験の原点があるものと思われるが，その方向に，船長と工事人が向かっているように見える。さらに深い外傷体験の方向と癒しの可能性を示しているようである。

「隣のおじさんの脅し」という外界からの脅威が引き金となって，内面の攻撃性が引き起こされ外界に向けられた。それは同時に，健二のこころの深層にもともとある恐怖心にさらに刺激を与え，強い攻撃性が引き起こされてきた。何層ものこころの構造が動き出した。

この日，健二はプレスリー曲の歌詞をコピーして持参した。その中に「イン・ザ・ゲットー」という曲がある。「貧しいスラム街で，母に拒否されて育った青年が，ゲットーの中で銃に撃たれて死ぬ」という悲劇的な内容である。経済的には裕福だが，「心理的ゲットー」の中に生まれ育ち，少しも良いことのないまま死ぬのかも知れないという彼からのメッセージが伝わってくる。

愛犬の写真の裏に年賀状替わりの挨拶を書いてくれる。「あけまして，おめでとうございます。今年も迷惑をかけると思いますが，よろしくお願いします」と整った文字で書いてあった。「ゴミから資源へ」の作文の頃から見ると，信じがたいほどきちんと整った文字である。「お正月まで見ちゃだめだよ」と言い残して帰る。健二とこころが通い合ってきていると感じる。

両親との面接

両親との面接を行った。両親に対してADHDとサイコセラピーについてのThの考え方を話す。ADHDは脳の機能障害で，カウンセリングやサイコセラピーは有効ではないという説がある。独特の困難さはあるが，Thの経験では相当に改善するので，内面を理解して見守って欲しい。プレスリーの「イン・ザ・ゲットー」のCDを両親と共に聞く。健二のこころに飢えがある。見捨てられた赤ん坊の気分。廃棄物，ゴミのように自分を感じており，自己評価が低い。良い子でなければ見捨てられる恐怖。外界の出来事に不安を感じ，身を守るために銃が必要と感じている。しかしそれは破滅への道だとも感じており，癒される必要がある。片付けられないのは症状の一つと考える。そこを理解して注意は穏やかに。強く怒ったり，怒鳴ったりして従わせようとしても，一時的効果しか得られない。父は「耳が痛い」と認める。Sクリニックでカウンセリングを勧められたが，銃はダメと言われて，その場所は自分には合わないなと思ったという健二の感想も伝えた。

［1］取り組むべき問題と心理療法での対応

攻撃性については，深い未解決の心理的外傷があるように思われる。攻撃性の安全なはけ口と自己コントロールをめざす。

自己と自我の状態が解離している。こころの深層には，深い寄る辺のない孤独感，不安と恐怖心があり，人格の基盤が脆弱。その不安と恐怖が，外の世界からの引き金で深部から突き動かされる状態になると意識的世界のコントロールが崩れる。落ち着きのなさ，集中力の低下，多動，強い攻撃性などが起こる。こうした不安への防衛として，何かへの執着，熱中が起こる。驚くべき記憶力があるが，こころの統合とバランスが取れていないため，現実に即応し役立つものとして使えていない。こころの深層の不安・恐怖に直面し，癒されるならば，中心化，こころの統合，創造的能力の湧出，物事に取り組む力などが出てくるものと思われる。

初期には基本的に人を信頼しない態度があった。母や状況に押されて不本意ながら来室していた。遅刻，来室忘れなどあった。次第に Th を信頼し，予約を自分で取り，時間に間に合うよう努力するようになった。慣れてくると要求過多となり，なんでもモノやご褒美に換算したがる傾向がでてきた。内発性や動機づけが弱い。経過的措置として，懸賞応募用の往復はがきで評価するやり方を取り入れている。自分でやりたいことを見つけ，達成することの喜び，達成したものや努力を評価されることに喜びを感じる方向をめざす。

[2] 主体性の確立と自我境界をつくる

初期には大人全体への不信感が Th にも投影されていた。面接予約も母任せで，面接時間をしばしば忘れ，遅刻も多かった。これに対して Th はある程度の距離を保ち，急接近，叱責，注意を与えることなどは避け，Cl の不信感をそのまま認め，受け入れる態度をとりつつ，面接構造はしっかり守ることを心がけてきた。連絡なく休んだ場合の料金徴収に対する「ぼったくり！」などの非難に対しては，言葉で丁寧に説明。料金入りの袋を勝手に開封するなどの行為に対しては，保護者と Th の関係への介入であるとやんわりと主張。Cl の関心のあるものに対しては関心を寄せ，要求に対しては安全の範囲内で，最大限実現できるように計らった。約束したことは小さなことでも Th 側からは忘れずに果たすようにした。そうした行為を通じて次第に信頼感と安心感が生まれた。次第になれてくると，健二から Th への干渉，越権行為，攻撃，無遠慮な態度が出るようになってきた。「料金が高すぎる」「私物を預けようとする」「言葉による攻撃」として「ババア，ぼったくり」など。これは一種の甘え，Th へのテストを意味するものと考え，そのまま放置，無視はせず，一つ一つ説明，穏やかな制止，Th の希望を言葉で伝えるなどした。わざと反対のことを言って Th の反応を見たり，はぐらかしなども多かったが，これは一種のゲームのようなものでもあり，Th の耐性や柔軟性へのテストでもあると考えた。

家族（特に母）に対しては基本的に Cl を理解し，最大限その苦境を乗り越えるための手段を探し，協力してくれることに健二は感謝の気持ちをもっていることが感じられる。しかし，必ずしも母の期待に応えられない面もあり，すまないという気持ちももっている。

自己評価の低さと傷つきやすさがあり，そのため両親には自分の良い面だけ見せて褒められたい気持ちをもっている。その気持ちの反面，嫌悪感もあるようだ。良く評価されることで，本当の自分から解離してしまう危険性も感じている。

自分の本当の影の姿を理解し，受け入れて欲しいという無意識的・隠喩的表現も示された。作文「ゴミから資源へ」を書きながら，くしゃくしゃに丸めて持ってきたこと，感想を言われることを恐れていたこと，プレスリーの30曲中，一番好きなのは「イン・ザ・ゲットー」であること。こうしたデリケートな傷つきやすい気持ちを抱えていることを理解し，評価的にではなく，ありのままに受け入れることが必要である。そうした理解がClの心の全体性の発達に役立つものと考えられる。

＃28

健二は明るい素直な顔で来室。お正月のお年玉をたくさんもらったとうれしそう。プレスリーのCDを2枚買った。夢中になっている。友達にちょっと古いなと言われるが，気にしない。英検3級を受けようと思っている。新学期が始まり，2日登校した。

図27　大ワニに対峙する兵士たち

図28　写真「氷の花」

図27

建物，樹木，車などがあるところに，大きなワニが現れ，兵士たちはワニに立ち向かい一般の人々も周りを囲んでいる。ついに深いレベルの恐怖の対象が現れ，それに対峙している。

早朝，犬の散歩をしているときに野原で見つけた「氷の花」の写真をプレゼントしてくれ，ハガキを8枚くれと言う。外界にある美しいものに目を引かれるようになった。写真には芸術性があるので，その評価としてハガキをあげる。

図 29「崩壊した建物を片付ける」

SP しても疲れなくなったと言いながら作る。地震の後だというレンガの建物が崩壊した跡を人々が片付けている。

母からのメモ：自分の部屋を片付けていますが，なかなか進まないことで困っています。私が「手伝おうか？」といっても「自分でやる」と言い，少しずつ片付けています。今までの片付け方よりも本格的で，進歩していると思います。

図 29　崩壊した建物を片付ける

＃ 29

「母がインフルエンザにかかり，家庭教師も休み。帰ったら家事をやらなきゃ」と。今日は久しぶりに学校へ。初回来室時，中学生なのに老人のような感じだった。しかし今は，ふと見ると少年らしいあどけない表情を見せる。落ち着きが出てきて，衝動性が低くなっている。いつもは，部屋中をせわしなく動き回り，銃を撃ったりするのに，今日は話だけ。

サッカーのワールドカップのテーマソングがプレスリーだと言ったら，家庭教師の先生がプレスリーの CD を持ってきてくれたので，それを録音して毎日聞いている。特に「イン・ザ・ゲットーがよくて」と。英検 3 級を受けることにしたと言う。

図 30

サバイバルゲームをやっていて，それを見ている人達。大ワニのような恐怖や緊迫した市街戦といった戦いではなく，「ゲーム」という安全度の高いものになっている。

図 30　サバイバルゲーム

＃ 30

「3 年間習っていた家庭教師の先生が就職して辞めた。出る前に兄と喧嘩した。ぶっ殺してやろう

かと思った」〈たった一人のお兄ちゃんなんだから，仲良くできるといいんだけどねー〉

図 31

田舎町で事故が起きたところ。出かけ際の兄との喧嘩が反映されている。こうして表現できることで，心の中の傷つきを外在化（客観化）できるのだろう。

図 31　田舎町の事故

母からのメモ：家庭教師の先生が辞めて健二は少し寂しそうですが，「自立する時が来たね」と親子で話しています。友人も兄も受験一色で，今学校へはさらに行きづらいようです。

セラピーが終わって帰る時，自転車で少し走ると，必ず一度止まって振り返り，Th の顔を見て手を挙げて帰るというのが，最近の習慣のようになっている。

＃ 31

15 分遅れ，疲れ切った感じでやってくる。学校へ行ったら友達から，ふざけてぶたれたり，バレンタインデーなのにチョコをもらえなかったことでへこんでいるようだ。「あんなのは，くだらない習慣だ，商業主義だ」と負け惜しみを言うが，疲れたから SP できないよーと床に寝転ぶ。〈無理にしなくてもいいのよ〉と。少し気を取り直し，父のいる地方に行き，スキーをしたことを話す。

母からのメモ：一人で T 市に行き，３日間父と過ごしました。父のことを少しでも理解してくれればと思っています。父にたくさんサービスしてもらい，雪焼けして帰りました。

父が健二との関係を改善しようと努力していることが感じられた。

＃ 32

登校していると言う。入学祝いにプレステ２を買ってもらったと嬉しそう。学校から卒業旅行に富士急ハイランドに行く計画がある。以前に事故があったことをひどく恐れ，行かないと言っていたが，気持ちが変わったのか行くことにしたと。自分で作ったと言って「キャタピラー・ロー」という車と銃を持参。

図 32　「宅地開発」

樹木がたくさんあるところの中心に，新しい宅地を開発するために「キャタピラー・

ロー」が作業している。周りには人々が働き，レンガなどの資材もある。キャタピラー・ローのエネルギー源（コード）は左下（こころの深部）からきており，中心で働く作業車は力強い。｛Clのこころの中心に力強い建設的な力が動き出したことに，強い感動を覚えた｝

図32　宅地開発，キャタピラー・ロー

母からのメモ：以前，健二は写真を撮られることを嫌がって避けていましたが，休日に父親と一緒に撮ってもらった写真をカレンダーにして帰って来ました。撮ることをよく受け入れたなあと，以前のかたくなな態度と比べて思います。

＃33

自転車の鍵を壊されたり，携帯を「007」のDVDのディスクに落として傷つけたり，健二にトラブルが続く。ディスクを新品に買い替えた。買うときため息が出た。「傷ついたディスクを友達が壊したように見せかけて，脅そうかな」（よくそんなことを思いつくものだとThは驚きつつ）〈そんなことすると，周り回って自分に還ってくるよ〉と諭す。友人Eがアニメの技を装いながら僕を蹴ってくる。言ってもやめない。Eは自分だけを目のかたきにしてくると，ひとしきり愚痴をこぼす。リュックから金づちを出して見せる。〈人に対して使ったらだめだよ。頭でも打つと死ぬからね〉と諭すと「わかった。災害でもあったら，人助けできるしさ」と。言葉が彼の中に入ることを感じる。銃や金づちを持ち歩くのは，彼の外界への怯えに対する防衛の意味をもつのだろう。Thの立場から言えることは，内面の脅威やトラウマを克服して強くなることが，真の強さを身につけることになるのだろう。

母からのメモ：卒業式を控え，練習やら卒業制作やらで「出なくちゃ」と言いながら登校日が続いています。高校に提出する『高校生活で望むこと』の作文も書きあげました。

＃34

入学式まであと20日ほど。新しい時計を買ってもらい，制服を作りに行った。成績は四分の一が1，残りが2，試験を受けなかったからしょうがないけど。卒業式のあと，ボーリングやカラオケに行って，楽しかった。

図 33

森の中の道を車が２台走っているが，向こう側からも車が来る。道幅が狭いのでぶつかりそう。まだ，十分なゆとりはなく，現実世界では衝突の危険性はありそう。

高校に通い始めてから慣れるまでは，必要に応じてセッションを設けることにした。

図 33　対向車とぶつかりそう

＃ 35

４月末頃，健二から電話があり，次の日セッションを設ける。

遠足の予定を辞めて来室した。リュックに金づちを入れている。「隣りのじじいとよく会う。殺してやりたい。おやじが家の犬をたたいていたと近所の人が言っていた。怒りが収まらない。ボーガン（銃）が欲しい。（僕を）怒りっぽくさせたのは，うちの親父と隣りのおやじだ」と言う。授業の帰りにとなりの子に声をかけたが，返事をしなかった。無視されたと気にしている。悪夢には（以前 Th がプレゼントした）カナダインディアンのドリームキャッチャーが効いたと言う。

母からのメモ：最近，特に口のきき方が悪く，聞き苦しい言葉（人の悪口）を注意すると激しく抵抗してきて収拾がつきません。「この頃怒りっぽいね。どうしたの？」と聞くと「自分でもそう思う」と認めるのです。高校生活への不安なのか，とても不安定のようです。

母と電話で話し合う：怒りがなかなか収まらないが〈トンカチや銃は実際には使ってはいけない。自分の一生を台無しにしてしまうからね〉と，怒りをコントロールする方法を教えている。どのくらいで収まるのかわからないが，今の激しい怒りは一過性のものと考えている。全体の流れとしては，良い方向に行っていると思う。衝動をイメージに変えて表現してもらったり，サンドプレイをしたり，言語化，意識化してもらえるような工夫をしている。

怒りでいっぱいになると，Th に連絡してきて，安全を計っている感じがある。来室時は怒りでいっぱいだが，帰るときは穏やかになっている。制御できなくなると Th に連絡してくるので大丈夫だと思う。学校に行き始めて２日ほど休んだが，学校は気に入っている。

４月末に母より電話がくる。健二の兄が最近自動車事故にあった。車にぶつけられ，足を轢かれたが，下が柔らかい土だったためかすり傷ですんだ。それ以来怒りっぽくなり，弟に乱暴したり，本を投げたりで大変。父母が説得しても通じない。誰か第三者に相談に行くかと尋ねたら同意したので，良い人がいないかどうか相談のために電話したという。ADHD の診断を受けた病院の先生に相談してみること，Th の方では，知り合いの外国でトレーニングを受け精神分析家資格を持つ精神科医に打診してみることにする。

〈仲の良くない兄弟（二人共 ADHD の診断を受けている）の弟のセラピーを受けているが，兄のセラピーを引き受けていただけないでしょうか〉と打診する。「私は引き受けられない。ADHD のセラピーのできる人はいない。ちぐはぐな人がやるよりも，同じ人がやった方がよい」と言われ，果たして仲の良くない二人を同時に受けて，うまくいくものだろうかと困惑した。

後日，母に精神科医の意見を伝えた。近くには兄のセラピーを引き受けられる専門家はいないこと，とりあえず以前受診した精神科医への相談をすすめる。この時点では，兄は少し興奮がおさまった。健二は学校の開始から 3 日休んだが，しかし学校の道具は自分でそろえ，自分から行こうとするかつてない意欲を見せてはいたが，頭痛が起きる。一段進歩した感じではあるが，長い目で見ていくしかないと母は言う。

＃36

10 分遅れて来室。空気銃仲間の友達が，ガスガン，リボルバーを持っている。「自分はスミス＆ウエッソン 6 インチを買った。東京 M のアメリカンガンキッズで。新しい学校の先生は良い先生。全員を心配してくれると言う。仲良しもできた。部屋のごみを捨て，大分広くなった。学校のノートは綺麗に取っていて，落ち着いて勉強できる」とのこと。そう言ったら中学の先生は喜んでくれた。

図 34

家，樹木，車の間で兵士が二手に分かれ，サバイバルゲームをしているところ。「本当の戦争は嫌だから」と言いながら。

母からのメモ：長男の件ですが，病院の予約を取りましたがまだ行っていません。親はやきもきしていますが，遅かれ早かれ，長男にも第三者の援助が必要と思います。健二との関係では兄は自分でも歯止めがきかず，二人はまる

図 34　兵士のサバイバルゲーム

で火と油のような関係です。健二は高校の話をよくしてくれます。お便りにも目をよく通し，ファイルして自分から向き合うようになっています。身の周りの身辺整理はまだまだですが，汚れ物を洗濯したり，自分で干したりするようになりました。

Thから両親宛ての手紙：精神科医であり分析家のT先生に相談しましたが引き受けてはもらえないし，他に適任者もいないので，健二君に相談してみました。最初は戸惑いを見せましたが，Thから〈お兄さんにも人から理解されにくい苦しみがあり，とりあえず身近にいる健二君に当たることで解消しているかもしれない。お兄さん自身もその行動をセーブすることは難しいけれども，何とかしたい気持ちがあると思われる。お兄さんの気持ちが鎮まれば，健二君も楽になると思われる〉と話すと，最後はよくわかりOKしてくれました。お兄さんにその気持ちがあれば，セラピーはスタートできること，二人の相談内容は，相手には伝えず，時間も全く別々にとることにします。

37

息せき切って来室。「お水！」と言って，出された水を2杯飲む。学校は4月に6日休んだが，今は毎日行っている。学校が楽になり，友達が何人もできた。学校の友達が遊びに来た。毎日7時起床，登校，4時に帰宅。勉強して夜11時就寝という生活。見たい映画の新聞切り抜きを見せてくれる。楽しくイキイキとしているのでThもうれしい。携帯で，サボテンの寄せ植えの写真を見せてくれる。「落として，ガラス割ったんだ」〈エーッ！で，サボテンどうしたの？〉「捨てた」〈えっ，どうして？折角大事に育てていたのに！〉「嘘だよ，植え替えたんだ」〈なーんだ。よかった〉。育てている大事なものを粗末にしないことがわかって，ほっとする。健二との会話はいつもこのように，はぐらかすような調子と，ネガティブなことを一度言って相手の反応を見るようなところがある。

「ブタの居所」というコミックを貸してくれる。子ども向けだが，哲学的，宗教的な洞察に満ちている本で，Thは健二がこんな本に興味をもつようになったのかと感銘を受ける。隣のおやじについては「あんな奴，厄病神」。兄はあいつと会うと「うまい飯もまずくなる」と言う。以前の「殺す」という表現よりは，マイルドになっている。

母からの手紙：長男は病院にかかることも，セラピーに行くことにも前向きですが，時間がないと言っています。受験よりも大事と母はすすめている。Thにお願いしたい。

両親に面接

長男は精神科医のS先生に行ったが，薬はでなかった。予備校の時間が長いのでサイコセラピーは躊躇している。健二は大分良くなって銃を撃たなくなった。勉強，学校にも意欲が出て，学校からのお知らせの類も自分できちんとファイルにまとめ，勉強にも意欲を示すようになってきた。とはいえ，昨夜長男と健二が風呂に入る順番の事で大げんかし，食器棚のガラスが割れた。

＃38

昨日，兄と大喧嘩した。食器棚のガラスが割れた。「あいつ，くそ食らえですよ。殺してやりたい」。兄はあとから母に謝った。健二は箱に入れたサボテンの鉢を持ってきてくれた。「これ，あげるよ」〈本当に？有難う！〉。健二の言葉はそっけないが，感謝の気持ちが感じられ，同時にサボテン鉢の美しさにも Th は感動した。

図35　サボテンの鉢

＃39

ブッダの関連本コミックを５冊持ってきてくれる。読みやすく，深い教えがあるので Th も読みたいと思った本である。健二は Th に本の持ち方，広げ方など細かく指導する。健二の神経の細かさを感じると同時に，大事にしている本だということもわかる。サボテンの鉢をいとおしそうに眺める。次の時，サボテンの鉢を持って来るから千円で買ってと言う。〈材料費＋アルファを出しますよ〉「映画のマトリックスは面白くなかった。現実的で面白い方がいい『タクシードライバーⅢ』はすごく良かった」。Th は彼がだんだん，現実世界に根を下ろし始めていると感じる。「宝くじを２枚買った。自転車で帰るの，めんどくせーな。疲れた。学校は問題ない。勉強は大変だ。学校は茶髪禁止。ホモ野郎がいて，先生に注意されていた。女の子みたいにニヤニヤ笑っている」。〈ホモへの差別はヨーロッパでは，あまりないのよ〉気分は落ち着いている。

今朝寝ていたら，兄が大きな音で音楽かけていたので「うるせーなー」と言ったら喧嘩になった。〈言い方を丁寧にすれば？〉「そういう問題じゃない」〈そうか〉部活は空手部。

先輩がやさしい。帰宅して部活のため，再登校するという。なかなかハードな生活をこなしている。

図36

前回プレゼントしてくれたサボテン鉢を真ん中に置き，左下にカエル，右下に洋風

図36　3つの家・サボテン鉢・カエル

の家を３軒。美しい中心ができ，右下に家族３人として家を３つ置く。大きな洋風農家は母，右下隅の洋館は健二と兄，赤い屋根の小ぶりの洋館は家庭内で存在感のうすい父かもしれない。健二がセラピーの経過を経て到達したこころのまとまりは，中央のサボテン鉢で示されている。兄は無意識という水から地上に出たばかりの「カエル」として象徴的に示されているように思われた。

＃40

健二の来室前に母から電話がくる。健二が母を口汚くののしったので，思わず健二の頬をぶってしまった。義母を病院に連れて行ったため帰りが遅くなり，昼食が遅くなったことが原因。健二は来室して「母と喧嘩した」と言う。12時に家を出るといったのに，11時45分に昼を出してきた。母に「死ね」と言ったら，頬をぶたれた。母はそのことがショックで部屋に閉じこもってしまったと言う。兄（現在は兄もサイコセラピーに通っている）とは関係を回復したが，母とはもめごとが多い。砂箱に手の平をじっと押し付け，おそらく初めて母から叩かれたショックを鎮めているようだった（図37）。母は自分の置かれた苦しい立場の中で，懸命に良き母，良き嫁としてふるまおうとしてきた。しかし，誰一人として母の置かれている立場や苦労を理解しようとはしない。おまけに二人の息子はADHDを抱えたうえ，反抗期真っ盛りで，親の気持ちなど理解するほど成長はしていない。母の我慢強さは驚くべきものだったが，Thは母も自分の限界を思わず越えてしまったことは，仕方ないことだし，それでいいと思っていた。完璧な人間はいない。母がそういう自分を恥じることもないのではと思った。

母が抑圧している怒りや強い情念は，すでに以前から健二に伝わっておりSPの中で「飲み込まれ，攻撃される恐怖」としてイメージ的に表現されていた。それが現実場面で表現されることは，健二にとっても母にとってもそれは目に見えるもの，取り組むことができるものになったのであるから（外在化），見方を変えればプラスとしてとらえることができる。また，このようなことがあっても，親子関係が根本から崩れることはない土台ができてきたからこそ，このようなことが起こったのであるとも

図 37　健二の右手の跡

図 38　横転した車

言えた。健二は新しいサボテン鉢を Th にくれた。

図 37　健二の右手の跡

図 38　横転した車

住宅地で乗用車が横転し，５人の兵士（青服と茶の軍服の兵士が一緒に）が警戒しながら車を注視している。母とのいさかいの反映と思われる。

＃ 41

この回，健二はサボテン鉢作りの材料を持参して来室。ガラスの鉢，サボテン用培養土，小石，貝をかたどったガラスなど。Th の前でサボテン鉢作りを実演してくれると言う。

材料費は出すと言うと「やったー」と喜ぶ。熱心に，熟練した手つきでサボテン鉢を作った。

映画好きの彼は『バトルロワイヤル』『ターミネーター―Ⅱ』を見に行くと言う。戦いのテーマが多い。でも何といっても Th が勧めた『戦場のピアニスト』が感動的だったと言う。(監督はロマン・ポランスキー，原作はウワディスワフ・シュピルマンで，ストーリーはユダヤ系ポーランド人のピアニストが，ナチにとらわれるが，ゲットーから脱走し，ワルシャワでかくまわれていた。ドイツ軍将校が彼を見つけるが，彼の演奏に感動して彼を

図 39　サボテン鉢作り

逃がす。２週間後に解放軍が来て，ピアニストは助けられ，将校はとらわれの身となり，二人の立場は逆転する)。

プレスリーの曲『イン・ザ・ゲットー』では，貧民街というゲットーにとらわれていた悲劇の少年と，ゲットーを脱出したピアニストは彼のこころの中で重なっており，後者の方が希望のある話である。ピアニストはピアノ演奏により，健二はサボテン鉢作りという芸術的な才能を発揮して，今や心のゲットーから脱出しようとしているようにThには感じられた。

〈サボテンの事，お母さんに言ってる？〉「言ってない。言ったら，殺される」。彼は自分の小遣いから，サボテン鉢作りの費用を出してThに見せ，プレゼントしてくれようとしていたのだとThは感じ入ると同時に，母は仕事・介護・生活に追われ，彼の進む学校探しに奔走し，信じられないほど辛抱強く，毎日の生活を支えている。それを察するほどには，成長が足りず，反抗的な態度（Thから見れば，彼が内面的に成長発展してきたからこそ，一時的に出ている態度なのだが）で応ずる健二に母は手を焼き，限界を感じている。彼の変化を鷹揚に受け止めるには，母の状況にはゆとりがなさすぎる。

＃42

母が研修で３日ほど家を空けた。健二は家事をやり，留守を預かったが，虚しさも感じたらしい。兄とは喧嘩しなかった。学校では集中できるが，家ではできないと言う。

＃43

家で怒りっぽくなった。母とぶつかることが多くなった。母から「あんたと話すと疲れる」と言われる。学校ではまあまあやっている。長野県にキャンプに行く。サボテン鉢が５つとなった。それぞれが，個性的で美しい。健二は「５つ並べて写真とって」と言う。

図40　砂箱に並べたサボテン鉢５つ

最初に健二がThにプレゼントしてくれたのは，左上のサボテン鉢だが，それが契機となって大きな丸いガラス鉢，正方形の鉢などを選び，何種類もの砂や様々な形状のサボテン，海の感じを出すた

図40　サボテン鉢５つ

めの青い貝やプラスティックを選んで買い求め，こころから湧き出すイメージのままに，作りつづけたものである。戦闘機や銃にしか関心のなかった健二のこころに，このような個性的で繊細で平和なイメージが生まれたことは感慨深い。

この変化の背景を考えてみると，健二の内面的変容に影響しているのは，兄のサイコセラピーが同時進行していたことも寄与しているものと考えられる。緊密な関係にあった母と健二に対する兄のもつれた感情が次第に整理され，もともと繊細さをもちながらも，外向的な素質の兄が，自分の好きな道を探求できそうな専門性へ向けての受験，アルバイトなど外の世界に道が開けてきたことなどがあいまって，弟への暴力が次第に鎮静化する傾向がでてきた。それにより，健二のこころにもゆとりができ，平和で創造的なイメージが湧きだしてきたのであろう。「セラピー終わる（次回で終了）の寂しい。遊びに来ていい？」〈一応の区切りで終わるけど，相談があったら来ていいのよ〉振り返り，振り返り，帰る。

＃44

学校のキャンプに行ったということで，陽に焼けて真っ黒な顔，手足で来室。本日で一応終了ということにする。健二はサボテン鉢をさらに３つ作ってくれるということで，３つの鉢と，バラエティーのある色々なサボテンを持参。今回は手慣れた手付きで素早く作る。

図41　サボテン鉢８つ

今日制作の鉢３つを加え，８つのサボテン鉢を，砂箱の上にぐるりと配置良く並べる。中心があり周りにぐるりと円形にとりまく８つのサボテン鉢により構成された形状は，マンダラ[5]と見なすことができよう。一つ一つの円形または正方形の鉢に小さなサボテンの命が宿り，全体は調和ある円形に近い形をなしている。完全な正円ではないが，多少の不確定要素を

図41　サボテン鉢８つ

5)　西欧精神医学では，初めて東洋的マンダラを心理療法の概念としてとりいれたのはユング（2009）であるとされている。彼は生涯のある時期に精神病様の心の危機に陥り，マンダラ図を描くことで心の均衡を取り戻した。ユング心理学では，元型的イメージは癒しをもたらすと考える。マンダラは元型的イメージの中でも，とりわけ重要なものである。

残しているとはいえ，基本的な安定を得て，今新しい人生に歩み出そうとしている健二のこころの表現であろう。「8」は西欧では「7つの段階を経て到達する始まり」を意味し（Cooper, 1978），日本では末広がりを意味する縁起の良い数と考えられている。

一つ一つの鉢には，小さな命の芽を包含する調和のとれたマンダラのミクロコスモスが顕現し，8つの鉢で構成されたさらに大きなマンダラのマクロコスモスを形成している。彼の意識と無意識の領野はほぼ統合され，自我の働きをはるかに超えるこころの深層において，調和と安定を得たものと思われた。このようなこころの次元に達することができると，外界の種々の試練やストレスに対しても立ち直りが早く，均衡をとりもどすことができるようになり，長い人生を生き抜くためのこころのコアができる。

兄が在宅するので，小さなことで喧嘩を吹っかけてくることに閉口していて，「あんな奴，死んでしまえばいいんだ」と口では言いながら，全体的には落ち着いている。〈リュックの中のトンカチは？〉と聞くと，「入っていることも忘れていた。もうやめる」と。前回よりはあっさりした感じで，二度ほど振り返り，自転車で帰宅する。

母からのメモ：今回で終了とのこと。長い間有難うございました。身の周りのことなど見ますと，まだまだですが，人に対してはずいぶん変わってきたようです。親子共々，戸塚先生が心の支えでした。

1か月後健二に電話。他のクライエントがサボテン鉢を見て作りたいと言い出し，材料の入手方法を聞くため。〈元気ですか？その後は？〉「学校へは行っている。部屋の整理をした。ゴミが，大袋に7つも出た」。〈すごいね。お母さんも喜こばれたでしょう？〉「うん」

その後

このケースは終了時点から15年以上の年月を経て，健二は現在30歳を過ぎている。彼は高卒後，医療関係職への進路を目指したが実現できず，パートの仕事をしたのち，現在はフルタイムの仕事に就き，家から独立して暮らしている。健二と喧嘩の激しかった兄は，会社員となり彼の独自な芸術的才能を生かす仕事をし，結婚して子どももできたと聞いている。

思春期には喧嘩ばかりしていた兄弟だが，その後，兄は弟をかばい，健二は兄を尊敬する仲の良い兄弟となった。父は家に戻り，母は数年して親族の反対にもかかわらず仕事を辞め，心理学の勉強をするようになった。その後，仕事に復帰しておられる。ケース報告承諾の依頼を健二の実家に出したが，しばらくして，すでに実家から独立している健二から承諾の返事がきた。

このようなわけで，彼とのセラピーの苦闘の経過を詳述することが可能となった。学会関連の報告によくみられるような，クライエントを一個の「臨床素材」として対象化し，Th の側からのみ「客観的に」見るのではなく，Th の中に沸き起こる様々な感情や考え，判断，反応，クライエントとの微妙なやり取りの経過もできるだけ詳述し，それらが反映されるセラピーの展開や微妙な息遣いまで再現しようと試みた。

4 考　察

健二の心理療法（サイコセラピー）に当たり，彼の内面の変容を助けたと考えられる2つの柱がある。1つはサンドプレイ・セラピー（箱庭療法）のイメージ展開によるこころの内奥の本質的な変容である。第2は，サイコセラピーの展開の中で心掛けた健二への治療教育的配慮である。

第1の点について述べると，健二のようにこころの深層に自閉的な殻があるClには，その領野への接近は通常の傾聴型カウンセリングやサポーティブな心理的アプローチでは困難である。受容･共感といった態度や，意識的言語的側面への働きかけ自体は，このような病理の深層にはほとんど届かない。最奥の内面は繊細で傷つきやすく，その外壁は堅固な自閉的な殻（要塞）（Kalff, 1999, p.48）でおおわれている。先天的な脳神経学的な障がいとして説明される場合もある。また，発達のごく初期に受けた耐え難いトラウマによって繊細な部分が覆われてしまったと仮定できる場合もある。いずれにしても，意識に光の届かない深みにあり，その周辺はゲットーのような厚い壁で囲まれている。

サンドプレイ・セラピーは非常に深い治療法であり，それだけにこころの深層に安全に心理療法的に働きかけるには，トレーニングが必須である。自分の分析を受け，サイコセラピーの経過でCl とのやり取りを通じて自分の中に起こる感情や考えについてより深く自覚していることが必要である。自分の生い立ちや過去のトラウマの投影，バイアスや歪みについて意識することができれば，防衛的になったり，感情にかられ過ぎたりすることなくありのままに受け止めることができるようになる。またトレイニーがトレイナーから，自分のもつ弱さや痛みを傷つけられたり，拒否されたりすることなく，大切に処遇され成長したと感じた体験は，セラピストになったのち，クライエントを抱え続ける力として発揮されるようになる。日本では「箱庭」という道具のみが独り歩きしている感があるが，トレーニングを受けて少しずつ深い心理療法ができる専門家が育ちつつあることが，将来への希望となっている。

ルース・アンマン（Ammann, 1993）は，サンドプレイに展開される心理療法プロセスを癒し（healing）と変容（transformation）という言葉で表現している。健二のプロセスを振り返ってみると，図7の迷路の中に剣が刺さっている（トラウマ）位置とほぼ同じ位置に，図15ではレンガで建設が始まるような表現が「癒し」として現れた。その後，少しずつ力を得て無意識深層の怪物と向き合い，克服するという紆余曲折の「変容」を経て，健二自作の「キャタピラー・ロー」（建設用作業車）が中央に現れ，無意識内のエネルギー源を使って力強く宅地開発がはじめられた。無意識の問題が整理されるにつれて，こころの中心から創造性が湧き始め，彼独自のサボテン鉢作りという形で表現された。こころの深層の変容に連れて，彼を取り巻く家族や周囲の人間関係も変化していった。彼の変容は，彼自身の人生を変えただけではなく，兄をサイコセラピーに動機づけ，父を家に呼び戻し，兄弟を相争う関係から，理解し助け合う関係へと発展させる力として作用した。

第2の治療教育的配慮であるが，このケースでは，人との関係を容易には信用しない健二が意欲的にサイコセラピーへの動機づけを持続できるように，彼が関心をもつ物や事柄を大切に処遇した。たとえ現実界では，年齢的，常識的に受け入れがたいものであっても，それを否定せず，思い切ってサイコセラピーに取り入れていった。例えば，銃や凶器になりそうなものの所持，金銭的な不満や要求に対する対応，サイコセラピーが進み Th に対する安心感や信頼が増すとともに，増えた暴言や侵襲的態度への対応などである。頭から否定せず，いったんは受容したうえで，彼自身がそれについて考え，セルフコントロールできる方向に治療教育的配慮を含んだ対応を工夫した。第1と第2の方法の前提としてあらゆるサイコセラピー／カウンセリングの前提であるが，信頼関係を築くことが第一歩である。クライエントを一人の人間として尊重し，温かく揺るぎない受容的態度で支え続けること，人として対等な存在として相互関係をもち続けることを心掛けた。

引用文献

Ammann, R.（1991）. *Healing and Transformation in Sandplay: Creative Processes become Visible.* Chicago and La Salle, IL: Open Court.

Cooper, J. C.（1978）. *An Illustrated Encyclopaedia of Traditional SYMBOLS.* London: Thames and Hudson Ltd.

Erikson, E. H.（1982）. *The Life Cycle Completed: A Review.* New York: Norton.（エリクソン, E. H.　村瀬 孝雄・近藤 邦夫（訳）(1989). ライフサイクル, その完結（増補版）みすず書房）

Jung, C. G.（2009）. *THE RED BOOK.* Edited by Sonu Shamdasani. New York: W. W. Norton & Company.（ユング，C. G.　河合 俊雄（監訳）(2010). 赤の書　創元社）

Kalff, D. M.（1980）. *Sandplay: A Psychotherapeutic Approach to the Psyche.* New York: Routledge / Sigo Press.（カルフ , D. M.　山中 康裕（監訳）(1999). カルフ箱庭療法 新版　誠信書房）

戸塚 悌子　(1989). いちばんの子―挫折と回復―　亜紀書房

参考文献

Jung. C. G. （1968）. *Psychology and Alchemy. Collected Works, vol.12.* Translated from German by R. F. C. Hull. Princeton, NJ: Princeton University Press.

Jung, C. G. （1969）. *The Archetypes and the Collective Unconscious. Collected Works, vol. 9, Part 1.* Translated from German by R. F. C. Hull. Princeton, NJ: Princeton University Press.

Jung, C. G. （1986）. *Symbols of Transformation. Collected Works, vol. 5.* Translated from German by R. F. G. Hull. Princeton, NJ: Princeton University Press.

Tustin, F. （1990）. *The Protective Shell in Children and Adults.* London: Karnac Books.

謝辞：このケース報告を許可してくださり，発達障がいの心理療法（サイコセラピー）の可能性について多くを教えていただいた健二さんにこころから感謝致します。またこのプロセスを，困難な事情を抱えながらも，背後から辛抱強く支えてくださったご両親様と先生方にお礼を申し上げたい。

そして，サンドプレイ・セラピーの奥義について，教育分析（パーソナル・プロセス）を含むトレーニングを通じて私に教え，セラピストとして育ててくださった英国の故ジョエル・ライス・メニューヒン先生（彼はサンドプレイ・セラピーの創始者ドラ・カルフの弟子であり，国際箱庭療法学会（ISST）の創始メンバーの一人でもある）と同僚たちに特別の感謝を捧げたい。また帰国後は，主に箱庭療法（Sandplay Therapy）を中心とする事例を共に学んできた心理療法ケース研究会の仲間たちと，日本箱庭療法学会の諸先生方にお礼を申し上げたい。

戸塚梯子論文へのコメント

佛教大学教育学部臨床心理学科教授
鈴木　康広

はじめに，全体の印象を述べ，次に箱庭の表現（箱庭制作の流れ，経過，プロセス）を中心にコメントしていきたい。

ADHD（注意欠陥多動性障がい）と診断され，大変な攻撃性，怒り，爆発性，衝動性を抱えたクライエントである。これ程までの攻撃性や怒りを抱かざるを得ないクライエントのどうしようもなさ，辛さ，悲しみ，哀しみ，やるせなさに，セラピストは受容的に添っていった。エアガンの発射や凶器の所持などは他のセラピストであれば通常認めないものである。セラピストの「治療教育的配慮」であると同時に，セラピストの懐の深さ，抱える holding 母性の大きさ，「太母性」でもあるとも言えよう。引用されているドラ・カルフの「太母性」とも通底しよう。「(エアガンや凶器を）持参し持つのはいいけど，使わないでね」とは，「内なる攻撃性は誰でももっている，しかし行動化しないことで内在化しセッションで表現できる」とセラピーの道行きを促したのではないか。セラピストの尽力に脱帽である。「ただの静かなおばさんじゃない」所以である。

エアガンの様子が，p. 65 図 4, 5, p. 68 図 9 に載っているが，他の事例報告では見られない特筆すべき稀有な表現である。これが後のサボテン鉢の制作風景（実演）p. 93 図 39 につながる。「持ち込み」や構造枠破りが，懸賞応募はがき・代金を巡って・兄のセラピーなどを経て，「発射するエアガン」から「戦闘機 p. 76 図 19」「キャタピラー・ロー（p. 87 図 32)」「サボテンの鉢 p. 91 図 35」「使わない忘れたトンカチ p. 96」へと creative に変容していく。「持ち込み」が positive に活きてきた。「持ち込み」を「構造枠を破るもの」と型どおりに禁止するのではなく，まずは受容して認めるセラピストの懐の深さの真骨頂がここにあると思われる。

クライエントの怒り，攻撃性はどこから来るのか。父への怒り，母への怒り，兄への怒り，隣のおやじへの怒り。父も ADHD 的で，不倫し不在である。内的男性性のモデル，怒りをコントロールするモデルが不在で，怒りをぶつけたくてももっていきようがない。母は家事育児介護仕事で生活に追われ，かつ，夫の不倫に気づいており，抑圧された大変な攻撃性を抱えている。母へ怒りをぶつけることはできなかった（当初は)。クライエントは父と母の(への)攻撃性は外在化せず，つまり内在化できなかった。兄とは真正面からぶつかりあった。兄はクライエントとは別の表現型ではあるが，攻撃性の大元は同じである。兄との（への）攻撃性，あるいは兄の攻撃性は外在化された。隣のおやじのへの攻撃性は，内在化と外在化をつなぐものであった。怒りは妄想分裂態勢 PS position 的で，投影同一化であるが，内在化できなかった父と母の攻撃性を，兄と協力して，共通の敵として外在化したのではなかろうか。抑うつ態勢 D position への移行が，すまない，気遣い，気配り，優しさ，感謝となって回復にパラレルに現われている。

セッションにおける母の手紙は，面接を背後で支えるものであると同時に，面接をフラクタルな「入れ子構造」にしている。面接構造枠の問題でもあり，後述する。

以下，箱庭の表現について，図の通し番号に沿って，コメントしていきたい。セラピストの「治療教育的配慮」と相俟ってクライエントの「箱庭療法のイメージの展開によるこころの内奥の本質的な変容」がダイナミックに表現されている。

p. 62 図 2（戦い）はイニシャル作品で，その後の展開の萌芽が凝集されている。6人の兵士は入り乱れておりどちらが敵なのか味方なのかわからない。p. 63 図 3 では 6 人とも味方同士，p. 68 図 10 では入り交じり，p. 69 図 11 では「大きな力」に立ち向かい，p. 70 図 12 では 6 人一緒に大蛇と戦っている。6 人は共に ADHD で攻撃性を抱えた「クライエントと兄の内なる分身」であろう。

図 2 の左側の 4 本の巨大な柱は何であろうか。クライエント，兄，母，父の 4 人家族かもしれない。柱だけでまだ屋根も壁もない，これから建設されるであろう。ただ不釣り合いに大きい柱は，強い男性性（男根），攻撃性を感じさせる。左下領域の柱と木の傍の兵士が，右上領域の大砲の兵士の方へ，銃を構え対峙している。左下の無意識の領域（Grünwald の図より）から右上の父性・発達の領域（同上，Grünwald）へ向かおうとしている。男性性でもある。手前の森は鬱蒼とし，中央から上の戦場を見えにくくしている。右下の母性・女性性の領域とつながっているので，迷い込んだりする森の女性性や太母性と関連するかもしれない。

p. 70 図 12（町を襲う巨大な大蛇），p. 75 図 17（巨大なカマキリと大赤エビ），p. 77 図 20（カマキリと大アンコウ），p. 79 図 23（背後に潜む大赤エビ），p. 84 図 27（巨大なワニ）では敵の正体が見えてきてネガティブな両親イメージであることが表現された。p. 70 図 12 の大蛇は右下から右上を経て左へ向かっている。戦闘機を墜落させたカマキリは雌であれば（産卵前に）雄を食い殺す。背後の赤エビは下寄りの右側（母性と父性，右下と右上）でカマキリ同様攻撃的なハサミを持つ。深海の太母的なアンコウも右下，巨大なワニも右下から出現している。内なる攻撃性の正体がイメージとして表現されることで，無意識が意識化されて，p. 92 図 36 以降の母と正面から向き合う準備となる。

セラピストの指摘するように，p. 67 図 7 の迷路の中に剣が刺さっている中央の（トラウマの）位置に，p. 73 図 15 ではレンガで建設が始まり，p. 76 図 18 では火事の現場検証が行われ，p. 85 図 29 では（兵士から変容した）6 人の市民が「レンガの建物が崩壊した跡を片付け」（スクラップ・アンド・ビルド），p. 87 図 32 では持参した自作のキャタピラー・ローを置き，レンガを使い宅地開発している。そして p. 92 図 36 でこの前回プレゼントした「サボテンの鉢」をこの中央に置くのである。見事な変容のプロセスである。クライエントのもつ自然治癒力の凄さとそれを引き出したセラピストの力量の結果である。p. 67 図 7 で迷路が表現されたが，左下領域からスタートして，中央の剣や途中の石に阻まれ痛みを伴いながらも，発達（男性性）の右上領域に至る道筋が示されているのは，このクライエントのもつ自然治癒力の強さであろう。p. 62 図 2 の左側に偏っていた 4 本の柱は，p. 67 図 7 右側に 3 本移動して全体で 5 本になっている。4 人家族にセラピストが加わって，この道行きが布置されたのであろう。

p. 94 図 40 でサボテン鉢が 5 つになるが，後で議論したい。

クライエントの変容のプロセスは，多少の揺れ戻しを繰り返しながら，スクラップ・アンド・ビルドを繰り返す。レンガが現れた p. 69 図 11，p. 70 図 12，p. 73 図 15，p. 78 図 22，p. 79 図 23，p. 81 図 26，p. 85 図 29，p. 85 図 30，p. 86 図 31 のように。これらの中でレンガに突っ込む黒色の車（左下から右側へ p. 78 図 22，p. 81 図 26）はクライエントの破壊的な影 shadow であろう。p. 71（図なし）の海から来たオートバイは p. 74 図 16 左下の横転するピンク色のオートバイになり，緑色とシルバー色の車が出現する。緑色の車は p. 74 図 16，p. 77 図 20，p. 79 図 24，p. 80 図 25 で現われ p. 86 図 31 で横転した黒色の車と向かい合う。p. 88 図 33 で再び緑色の車と黒色の車は向かい合うが，道は狭いがはっきりしており，間にシルバー色の車をバッファーとして挟んでいる。まだ衝突はしていない。黒色の車も緑色の車もクライエントの分身であり，風景や道なりがしっかりしていることから，これらの両面の分身を統合しようとしているのではないか。緑の車は新しいポジティブな分身である。p. 89 図 34 で再び緑色の車とシルバー色の車が現れる。「本当の戦争は嫌だから」と「6 人の兵士」を置きながらサバイバル「ゲーム」と言う。もはや戦争はなくなった。クライエントはサバイブし，緑色の車に新生したのだろう。シルバー色の車は先導し緩衝材となった兄かもしれない。左側の，固い感じの大小屋根の洋館，洋風農家は p. 92 図 36，p. 93 図 38 でも現れる。

最後に「サボテンの鉢」の表現にコメントしたい。

クライエントはサボテンの鉢を持参する（p. 91 図 35 以降）。なぜサボテンの鉢なのか？ 砂漠や荒れ地にサバイブするタフなものであり，砂を鉢に入れ箱庭との類似性もあり，自分で手塩にかけて世話できる小さなサイズのものである。この小さなサイズは小人（ホムンクルス）であり，自身の子供としての新しい可能性であり，「自己 Self」であるかもしれない。またセラピストの目の前で実演したことに意味がある。鉢を作ってから箱庭の砂の上に置いたので，鉢と砂箱は入れ子構造になっている。母からの手紙が，面接との入れ子構造になっていることは上述した。クライエントの内的世界の表現という microcosm（小宇宙）の変容が，箱庭療法の枠やセラピストの太母性という holding の枠にうまく抱えられて good enough holding，兄や両親（特に母）との関係という現実世界／外的世界 macrocosm（大宇宙）の変容をもたらしたのであろう。

p. 92 図 36 でトラウマの中心の位置に感謝のサボテンの鉢を置き，洋風農家，（右下に）固い感じの大小屋根の洋館を置いた。右上（父性の領域）には何も置かず右中央に赤い屋根の洋館を置く。この赤い屋根の洋館は父で，本来の右上の領域からはずれている。左下の緑色のカエルは，新生した緑色の車でもある，（オタマジャクシから脱皮した）新しいクライエントと兄の二人の分身の像かもしれない。セラピストという中央のサボテンを介して，ようやく家族 4 人全員が向かい合うことができたと思われる。この直後に，クライエントと母が現実でもぶつかり合い向かい合うのである。「小宇宙と大宇宙の照応」の醍醐味たる所以である。p. 93 図 38 で緑色の車は横転するが，洋風農家，固い感じの大小屋根の洋館の位置はそう変化なく誤差の範囲の揺れ戻しであった。母と兄弟のペアの位置はそれくらいのことではビクともしなかった。むしろクライエントは p. 93 図 37 で手形をつけ大地のエネルギーへ戻り，セラピストの前でサボテンの鉢作りを実演する。

p. 94 図 40 でサボテン鉢が 5 つになる。

最初にプレゼントしてくれたサボテン鉢（p. 91 図 35）が呼び水となって，p. 92 図 36 の家族 4 人とセラピストの計 5 人は，図 40 のサボテン鉢 5 つへと変容している。中央の大きな鉢が「新しいクライエント」であろう。4 はユング心理学では完成数であり，4 + 1 は新たなスタートを意味している。鉢の中に砂とアイテムがあり，同じく砂とアイテム（鉢）を含む箱庭自体とフラクタルな入れ子構造になっている。鉢の中の何種類かの砂，様々な形状のサボテンや青い貝なども鉢の中でマンダラ状に配置され，5 つの鉢も中心から四方に全体的，調和的に箱庭の中でマンダラ状に配置されている。入れ子構造のマンダラの小宇宙と大宇宙であろう。上述のごとく，内を掘り下げて小宇宙に至ると大宇宙につながる「小宇宙と大宇宙の照応」が，ここでもシンボリックに見事に表現されている。ユングが 1916 年に初めて描いたマンダラが，ギザギザの円の小宇宙と大宇宙のフラクタルであったことが連想される。クライエントの内なる格闘は，ユングのそれに匹敵すると言っても過言ではない。

最後の p. 95 図 41 でサボテン鉢が 8 つになる。

p. 94 図 40 の中央にあった「新しいクライエントの鉢」が中央上に移動し，「新しい大きい個性的な鉢」が中央やや下に置かれた。周りを左右 3 つずつ計 6 つの鉢が取り囲んでいる。8 は完成数 4 の倍数で，全体が調和のある円形に近いマンダラ状の配置である。周りの 6 つの鉢は箱庭制作で再三登場した「6 人の兵士」の変容なのかもしれない。それらに取り囲まれ見守られながら（セラピーの全経過を振り返るかのように），クライエントは「新しく大きく個性的に」（中央やや下の如く）新しい第一歩を踏み出そうとしている。同時に，この「大きな個性的な鉢」はセラピー全体を見守り寄り添ってくれた，大きな器（度量）のセラピストであるかもしれない。終結にあたり最後に感謝をこめて表現したと思われる。

4
箱庭療法によって支えられた発達障害のある女子大生

専修大学学生相談室
光川　利恵

1　はじめに

近年，大学では発達障害の学生の入学が増え，2016 年に施行された障害者差別解消法において学生への合理的配慮が定められた。最近は障害学生の支援部署を設置している大学が増えてきているが，以前には各大学の学生相談が発達障害学生の支援において多くの役割を果たしてきた。これから紹介するケースは，発達障害の診断のある学生がどのように大学に適応し自己理解を深めていったかの報告である。以下，A さんの言葉は「　」で示し，セラピストの言葉は〈　〉で示す。

2　事例概要

クライエント：A さん女性

来室経緯：入学前に高校のスクールカウンセラーから連絡が入り，アスペルガー障害[1] の診断があり，環境の変化に弱いので心配しているとのことであったので，学生相談室の利用を勧めてもらった。以後，入学時から卒業までの 4 年間学生相談室を利用した。

生育歴：小学 5 年生の時にアスペルガー障害を指摘され，高校 1 年生の時に診断を受

1)　アスペルガー障害：言葉の遅れはなく，社会関係の質的障害や制限された興味や行動パターンを有する発達障害。DSM-5 からは自閉スペクトラム症に分類される。

けている。

家族：父(会社員)母(パート)妹(高校生)の4人家族

3　面接経過

(1)　1年生前期（面接1～20回）

入学してガイダンス初日に学生相談室に来室。高校のスクールカウンセラーから学生相談室に連絡があったことを伝え，不安や心配なことがあるか質問すると「周りの人がみんな仲良くワイワイガヤガヤしているように見えて，私はどうしたらいいか，私っていつもだめだなと思って」と泣き出してしまった。新入生のサークル勧誘でごった返したキャンパスの雰囲気になじめないことや，すでに友達をつくっている人をみるとあせってしまうようだった。＜まだまだこれからだし，大学はひとりで居てもいいし，誰かと居てもいいところだよ＞と返すと，それまで泣いていた表情がパッと明るくなった。幼いところが残る可愛らしい素直な女の子という印象であった。

以後，ほぼ毎日学生相談室のオープンスペースで過ごした。オープンスペースでは，お昼を食べたり本を読んだりしていたが，友達ができないことや自分の理想どおりにできないことで泣いていることが多く，カウンセラーが少し話を聴くと治まるということが続いた。非常に傷つきやすい印象であった。

教職員から「授業中のグループワークを拒否している」と連絡があり，本人と相談し周囲に状況説明を行った。授業中パニックになり泣いたり叫んだりすることがあることもわかり，パニック時には静かに退出し，あとで教員に授業内容を確認することなどを本人および教員と共有した。

また，Aさんの中にもう一人の人格であるBくんが存在していることも話してく

図1　箱庭1　全体

図1　部分　右下の木をどけて撮影

れた。時々人格が交代することもあるが，交代人格の間に記憶がなくなるということはなく，彼女が危機的な状況になると助けてくれたり，困ったときに対話する存在になっているようであった。

箱庭療法を勧めたところ興味をもち箱庭1（図1）を作成した。「こういうファンタジーの世界にいたい。現実は怖いから」と言って，くるくる動いてドンドン置いていった。「（右上の）おばけは海で死んだ人」「（右下の木の陰）ここに宝箱が隠してあって，刀で守っている」「真ん中で音楽をかけて輪になって踊る」とコメントしている。

13回目の面接からは，過去のいじめ体験について語れるようになった。「いじめにあった時，人と違うのは嫌だと思った。だから，人と違う自分を責める」「アスペルガー障害がいじめのきっかけだと思うけれど，いじめられることで私の意識は曲げられたと思う」「悪いのはいじめたやつだけど，自分自身も自分のことを追い詰めていた」などの話が続いた。

そんななか，箱庭2（図2）を実施した。「廃村に迷い込んだ。みんなお亡くなりになった人。女の子（左中央の橋の上）だけ生きていてこれから廃村に入る」「獅子舞が家の中のおばけが出てこないようにしている」「井戸の上のウサギは井戸に落ちた幽霊

図2　箱庭2　全体

図2　部分　中央から左を撮影

図2　部分　中央

図2　部分　左上　城をどけて撮影

（井戸の中にもウサギ）」「（左上）城の中にもウサギがいる」とコメントしている。

廃村の怖い世界の中に再生が感じられる作品であった。その後の面接で橋の上の女の子が廃村の中に入って行くようなことがあれば展開は違っていたのかもしれないと思うが，カウンセラーの力量の限界か学生相談室という枠組みの限界か，女の子が廃村の中に入ることはなかった。しかし，彼女の中にこのような世界があることを知ったことは，彼女を理解しサポートするうえで非常に重要であった。

前期の終わり頃，教員から「（彼女が）積極的に発言するので，授業が活性化する」「次のグループワークについてAさんに聞いてみたら，『やってみる』と言うのでやらせてみようと思うのだが」と連絡が入ったので，「見守ってくださる中で体験できるのはありがたい」と返答した。実際にグループワークを体験してみると「な〜んだみんな怖くないじゃんと思った」「いじめで男子は苦手だったけど，大学にきて色々な種類の人がいることがわかった」と語った。Aさんを認め見守ってくれる教職員の存在は，彼女に精神的安定を与え成長を促進させるものであった。

(2) 1年生後期（21 〜 40回）

前期の成績結果から「授業で口頭だけの説明ではイメージつかないことが多かった。数学的なことも昔から苦手」と話があり，以前から要請していた母親との面接が実現したこともあり，正式に配慮願が提出された。配慮に関しては「配慮して欲しいけど，やっぱり甘えているのかなあ」と躊躇があったが，＜どんな手助けがあるとやっていけるのかをわかっていることは，Aさんにとっても先生方にとってもいいことだと思うよ＞と伝えると「そうですよね」と納得した。書類を一緒に窓口に提出に行くと，職員から「応援していますから，できることや質問があれば遠慮なく言ってください」と声をかけられ，「頑張れる気がしてきた」と話していた。人の厚意にとても素直に反応するAさんに心打たれると同時に，これまでAさんに面と向かってはっきりと

図3　箱庭3　全体

図4　箱庭4　全体

サポートを表明してくれる大人がどれだけいたのだろうか，ということも思った。

この頃からサークルの話をよくするようになった。「サークルで江ノ島に遊びに行った。先輩がいつも優しくしてくれる」と，箱庭3（図3）「サークルで行った江の島の海」を作成した。「C先輩と二人で海を見ている」「D先輩が海でこけたところ」と楽しそうにコメントした。

「C先輩のこと好きなのか，少し会話するだけでもウキウキする」と大学生らしい会話を微笑ましく思いながらサークルでの先輩達との交流の様子を聴くことが増えていった。「女性の先輩にC先輩が好きなことを打ち明けたら，応援してくれると言ってもらえた」と温かく見守ってもらっているようだった。また，サークルのことだけでなく授業の課題について相談に乗ってもらっている男性のD先輩からは，「（C先輩と）付き合いたいなら，マイナス思考をなんとかした方がいいよ」と言われて，「絶対変わってみせるって思った」と話していた。学生同士の交流の中で大切なことを学んでいるようであった。

残念ながら33回目の面接で，「どうも振られたようだ。軽く自暴自棄になっているけど，パニックにはならなかった」と語り，「失恋関係してそうだな」と箱庭4（図4）を作成した。「大切だった人？子？の墓」「（左上）偉人の墓，誰かがお参りしたのでお花が置いてある」「切り株の下に墓への鍵が隠されている」「（右上）音楽で死者の魂を鎮める」とコメントした。

1年生終了時には，教員から「最近は落ち着いていて1年間で随分成長を感じる」とコメントがあり，本人も「前期は大荒れだったけど，落ち着いて生活できるようになった」と話している。

1年生の終わりに作成したのが箱庭5（図5）である。「2つの丸い籠状の白鳥のボートに，（右側のボートに）鹿・キティちゃん・猫かトラ・バイキンマン，（左側のボートに）犬・ネズミ・魔女・男の子」「真ん中に噴水」とコメントした。とても穏やかな雰囲

図5　箱庭5　全体

図5　部分　蓮の花

気で作成しており，1年を通じて何かが整理されたのではないかと感じた。

(3) 2年生（41～83回）

学科の課題が多く，少々パニックになることもあるが，概ね落ち着いて生活できているようだった。スケジュール管理や授業の様子を確認する面接が中心であった。課題の提出が遅れる時は，自分で教員に交渉ができるようになった。企画案が選ばれて学部代表として発表することもあった。

1年生の時は人ごみを歩くことに抵抗があったが，「サークルの新入生勧誘がうまくいっている」と雑踏の中，サークル勧誘ができるまでになった。「卑屈になっていたら，先輩が『そういう時は無理している時だろうから甘えてくれていい』と言ってくれた。何かがパーンと弾けて，他の人に頼ってもいいんだ，頼んでいいんだと気づいた。それから，色々な人と付き合ってみたいなと思うようになった。先生だから，先輩だから，私に付き合ってくれるのでしょと思っていて，私は本当に卑屈だった」と話した。

「学科の友達ができた」と，この頃からオープンスペースの利用はほとんどなくなった。

またAさんの中にいるBくんに関しては，「Bはイマジナリーフレンド[2]だと思う。いじめの頃からあって，ひとりぼっちになるのが凄く怖くて，Bがでてきたと思う。今は私が周囲の信頼を失ってひとりぼっちになるのが怖い時に出てくる。精神的な安定だったり，やらなきゃいけないことの整理を手伝ってくれている」と話している。

(3) 3年生（84～119回）

苦手なグループワークが授業の中心になり，振る舞い方に困ることやパニックになることもあるが，最後までやり遂げることができるようになった。「1対1の場面やリラックスしている時は問題なく対応できることが多い。1つのことに集中することや繰り返しは得意。臨機応変は難しい」など，これまで自分の特性についてできないことにばかりに目が向いていたが，長所と短所を冷静にみつめ自己理解が深まっていった。いじめ体験についても洞察が深まり「いじめっ子の精神をした自分が自分をいじめている。いじめている人も含めて，私はたぶん皆のことが好きなのだと思う。周りの人と一緒にいたいから，皆と同じ行動をする。周りと同じように，私のことを私がいじめれば仲良くなれると思い込んでいた。自分自身をいじめる自分をなんとかしないとパニックは治まらないのかも知れない。私の中にいじめっ子がいる。そんな

---

2)　イマジナリーフレンド：空想上の友人といわれており，イマジナリーコンパニオンと呼ばれることもある。通常児童期にみられるが，稀に青年期まで持続することがある。

の10年も頭の中にいたらマイナス思考になるはず」「今は自分のことを受け入れよう。やることやったら，凄いじゃんと思おう。グータラしても，疲れたからしかたない。休みすぎたら，エネルギー足りなかったと思おう。周りの人は，これまでたくさんいいこと教えてくれていた。大事にしようと思う。弱い自分もドジな自分も受け入れよう。ゆっくりやる。頼ったりちゃんとする。いじめてた自分もヨシヨシしてあげる。良くしようと思ってのことだと思うから」と話している。

(4) 4年生（120〜156回）

就職活動の話題が中心となる。最終面接までいった企業もあったが内定が出なく苦労しながらも，「自信がないことにはまだ苦労しているけど，なんやかんや何とかなっている。それって凄いかも。最近は自分の良い点を言えるようになった」と少しずつ自分の良いところも相手に伝えられるようになっていった。

卒業論文では，「中将姫[3)]を現代版にしたシナリオを書くことにした。女の子がいじめられて，逃げ延びて父親に再会する話なの」と，Aさんの精神的成長過程と卒業論文の内容が関連しているように感じられた。

卒業にあたり，ハローワーク・就労支援施設・医療機関などでサポートを得ることを確認し，卒業を喜び送り出した。しばらくして就職が内定した連絡があった。

4 まとめ

学生相談の役割は，必ずしも障害に焦点を当てた対応ではなく，学生の心理社会的成長を促進させることにある。また，個別面接を通して自己理解を深めるだけでなく，現実的な対応や大学コミュニティに対する働きかけも求められる。大学4年間を通して関係者全員とAさんの成長を見守ってきた。

そして，その過程を支えてきたものの一つが箱庭療法であった。鈴木先生のコメントのとおり箱庭作品が全体のプロセスを凝集しており，セラピストは箱庭療法によりクライエントの内的イメージを早い段階で理解することができ，クライエントがもっている傷ついても再生する力や内面を整理する力を信じることができた。セラピストが箱庭療法の力を借りながらAさんを理解し，関係者にわかりやすく状態を伝える

---

3) 中将姫：藤原豊成の娘として生まれ，幼くして母親を亡くし，継母に妬まれ命まで狙われるまでになるが，逃げ延びて父親に再会する。これも仏の導きと仏門に入ったある日「蓮の茎を集めよ」というお告げがあり，蓮の茎から糸を取り出し，井戸で清めると不思議なことに五色に染め上がり，その糸で織りあげたのが，當麻寺にある国宝綴織當麻曼荼羅図である。

ことで，周囲のAさんに対する理解が促進されたように思う。

学生相談室で発達障害の学生対応をする場合，各方面への連絡や合理的配慮の検討などコーディネート業務に時間を取られ，充分に気持ちに寄り添うことができないことがある。このケースでは，Aさんの心の深い部分の作業を箱庭療法中心に行うことで，セラピー機能とコーディネート機能を並行して行うことができ，現実的な大学生活と精神世界の両方を支えていくことができた。

また，Aさんは，教職員の適切な対応やサークルの先輩との交流から多くのことを学んだ。そこにはAさんが本来もつ素直さや中将姫のように壁にぶつかってもへこたれない姿勢が，周囲のサポート機能を引き出していたからにほかならない。

引用・参考文献

井上 勝夫 （2019）．イマジナリーコンパニオン　精神科治療学, *34*, 38-40.

上崎 美恵子他 （1969）．世界の童話5　日本のむかし話 小学館

学生相談学会 （2015）．発達障害学生の理解と対応について―学生相談からの提言―

当麻寺　中将姫さまと当麻曼荼羅　http://www.taimadera.org/history/p2.html

謝辞：このたび出版にあたりAさんに連絡をしたところ，誰かの役に立てるならと快諾をいただきました。心から感謝申し上げます。また，ご指導をいただきました戸塚悌子先生，鈴木康広先生に深謝いたします。

光川利恵論文へのコメント

佛教大学教育学部臨床心理学科教授
鈴木　康広

箱庭 1：初回作品は重要である。すべてのエッセンスが凝縮されている。A さんは不思議な世界にいることで自分を守っているようだ。下部に郵便ポストと電話といったコミュニケーションツールがあり，これらが後に A さんの外界への道を開いていく。魔女が内的に支えている。その他,最初から守りをもっている。左下のマリア像,灯台の上の天使も守りである。マリア像は，自分を守るセラピストかもしれない。寄り添ってくれる存在なのかもしれない。後述する箱庭 4 で再びマリア像が登場する。上部に海があって，水のテーマがある。ただ水があるのではなく流れがある。動いていく感じが伝わる。後述する箱庭 3 でも上部に海が現れる。マジカルな自分を鏡で見る客観的な自分がいる。右下に，刀と宝箱が母性の領域に隠されている。母性性や女性性との格闘がある。格闘して手に入れるとそれが宝になる。右上の父性の領域には灯台が敷居のようにそびえ，その上に守ってくれるように天使を置き，その傍らに幽霊がいて女の子が寝ている。こちらは男性的なテーマである。やりぬいていく力ではあるが，完全には機能していない。中央には魔女と音楽がある。音楽は，気持ちをおさめ，魂を鎮める。また，音楽はエモーション（情動）をもたらす。エモーションが動くことは自分の中の深いところに入っていく。橋はまだ塞っていて交通してない。

箱庭 2：これは死者の世界である。電車の線路や橋などの交通がある。井戸も地界との交通かもしれない。守りとしての獅子舞やふくろうを家の上やトンネルの上に置いて全体を守ろうとしている。鳥居も境界で,女の子はそこから入ろうとしているが,入るとまずいかなという感じがする。結局は入ってはいない。大仏が中央の悪いものがこちら側（左上）に入らないようにブロックしている。城の中のウサギは大切なもの。井戸のウサギと意味が違う。箱庭 4 の偉人の墓でもそうだが，この領域（左上）はスピリチュアルなもの。ウサギは復活の象徴である。死にはするけど，一方で復活を示唆するものである。右上には蓮の花,池の主がいる。箱庭 5 にも蓮の花が出てくる。

箱庭 3：下部で車が走っている。流れ，動きがある。一台逆走しているのでまだ危ないところはある。赤ちゃんを抱える女性は新しい可能性が生じていることを表す。

導きの灯台を右上の枠の外に置いている。サークル活動は外で活動するもので，社会性，失恋を体験する。サークル活動を通して，社会性が身につき勉強になったし，みんなが親切にしてくれることも知った。どっぷり海水につかったドナルドのように，この人なりに無意識を体験しくぐり抜けている。自転車と靴が海岸にあり，別のところに行く準備であろう。車にもちゃんと休む駐車場がある。

次の旅路への準備であろうか。

箱庭４：墓を置いている。自分のなかの子どもの死，失恋したことも小さな死，体験しながら再生する作業が必要だったのであろう。上部中央でマリア像が見守っている。左上に偉人の墓。そこを大事にしていて，なおかつ鍵で自由に入れる。右上の音楽，エモーションで心を落ち着かせたりもできる。死と再生の神聖なる喪の作業であろうか。

箱庭５：ちゃんと自分が白鳥のボートに乗って水に入っている。自らの道を進んでいる。魔女，ネズミ。猫だと喧嘩しちゃうので分ける。犬だから大丈夫。２つのボートに乗れている。様々な自分の分身としての要素を分けて抱えながら，水の上を旅することができるようになってきたのであろう。白鳥のボートや「箱庭」という「器」を用意したのはセラピストでもある。蓮の花，ここには怖い池の主（箱庭２）はいない。卒業論文でとりあげた『中将姫』は，蓮の茎から糸をとりマンダラを織り上げている。かなり先取りではあるが，Ａさんの内的ストーリーとしてシンボリックに完成させている。３年後の新たな旅立ちを祝福しているようでもある。Ａさんが自身のもつ自然治癒力のマンダラでもあろう。

おわりに

「心理療法ケース研究会」発足の呼びかけ人は私ですが，この会を育ててきたのは，研究会にご参加くださり，様々な角度から論じ合い，ディスカッションを重ねることに力を貸してくださった心理臨床家とメンタルヘルス関係の専門家たちによるものです。ここに深く御礼申し上げます。20年の歩みの詳細を語ることは容易ではありませんが，各研究会にケースを提出してくださった先生方，それに対しコメントをくださった先生方のお名前を「心理療法ケース研究会の歩み」として記しておきたいと思います。

特に共著者の鈴木康広先生には，近年最も多くこの会に足を運んでいただき，質の高いレクチャーやコメントをいただくことができました。箱庭（サンドプレイ）による自験例を最も多く提供してくださったのも先生でした。深く御礼申し上げます。開業でできることは，丁寧に深い心理療法をすることが可能であるということです。しかし，そこに危険もあります。例えば強迫性障害，心身症状を訴えて来室された若いクライエントさんが，何か違うものを抱えていると感じるような時です。精神科医でありユング派分析家の武野俊弥先生に見ていただき，潜伏性精神病があると診断されたことがありました。また，三世代以上にわたりうつ病を抱えている家系のうつ病患者のうつの根に到達するには途方もなく長い時間がかかります。少し良くなるたびに心のより深い層が現れ，取り組むことを余儀なくされます。クライエントさんの信頼を裏切らないように，無事な旅ができるよう祈るような気持ちです。こんな問題と取り組む時，心の深層に向かい合い鍛錬された経験をもっている精神科医・分析家のスーパービジョンやコメントをいただけることはセラピストとして大きな支えになります。

思えば，私が箱庭の魅力に取りつかれたきっかけは，故河合隼雄先生がその形成と発展に力を尽くされた「日本箱庭療法学会」とそのご著書『箱庭療法入門』（誠信書房，1969）によるものでした。また東京ではスイスでユング派のトレーニングを受けられた故秋山さと子先生のレクチャーや箱庭講習会に通っていました。ユング派の分析を受けられ，女性として苦労の多かった人生から解き放たれたかのような，自由でイメージ豊かなご講義は，大変魅力のあるものでした。

箱庭（Sandplay）は単なる遊び道具として使うこともできますが，トレーニングを受け，そこに表現される三次元世界の象徴的意味を読み取れるようになると，クライエントさんとこころの深いレベルの交流がなされ，驚くほど深淵な心の表現やプロセスが展開されるようになります。今後も箱庭が深層心理療法として用いられる場合には，セラピストが教育分析（パーソナル・プロセス）を受けるというトレーニングとセットで安全に発展することを願っております。ご協力いただきましたクライエントの皆様方に特別の感謝を申し上げます。

戸塚　悌子

資料：心理療法ケース研究会20年の歩み

心理療法ケース研究会は1997年に発足し，設立後20年余にわたる歴史の中で，心理臨床家，精神科医，小児科医，情緒障がい児学級の先生方，養護教諭等，種々のメンタルヘルス関係職，また心理学系大学の教員の先生方，大学院生等の方々からお世話になり発展してきました。組織的発展ではなく，各心理臨床家の臨床力の向上・発展という意味での発展です。ここに心理臨床家の成長のためにご貢献いただきました先生方に，心からの感謝と御礼を申し上げます。

今回執筆の心理臨床家のみならず，多くの良い臨床家をめざす方々の力が集結して息長く続けてこられたと思います。初期の研究会は戸塚セラピールーム内で８人の人数限定で小規模に密に行っていました。特に教育分析を受けていなくても，素質的に優秀で臨床経験を積んだセラピスト／カウンセラーが集結し，お互いに研鑽し合う会となりました。優れたスーパーバイザーの先生方（例えば，精神分析の牛島定信先生，ユング派分析家の武野俊弥先生，故秋山さと子先生など）からの薫陶，指導を受けられる立場にあった方たちは，概して水準の高い仕事をされていたと記憶しています。彼らは自らの置かれた家族状況や組織や仲間，日本的組織に適応する方法もよく心得ていた方々でした。

この研究会と並行して，これからの発展をめざす若い心理臨床家に教育分析（パーソナル・プロセス）とケースのスーパービジョンをトレーニングの核として個別に行っていました。困難ケースを安全に処遇できる心理臨床家を育成するためには必須のことであると思います。また，心理臨床家と連携関係にある他のメンタルヘルス関係者にも参加していただき，心理臨床の仕事内容を理解してもらい，相互連携を図るきっかけとなりました。

最初は，地域の公的施設を借りて開催するのが，参加者の都合や費用の点で良いと考えましたが，ワークショップの第１回目から思わぬ困難に直面しました。日本で多くの犠牲者を出した宗教団体の関係者だと疑惑をもたれたのです。またこれとは別の宗教団体ですが，カウンセリングで人を引き寄せ宗教勧誘するという団体もありました。会場責任者の代理人が宗教の影響下にある怪しげな団体ではないかとの疑惑をもって調査にきたのです。すぐに疑いははれたのですが，それだけ心の救いを求める人が多いのだとも思いましたし，同時にそれにこたえる専門家も足りないのかと思いました。公的施設は，参加者の大半が同区内であることなどの条件や制限があり，出だしから問題が山積していました。困っていますと，そこに私の元の職場であった順天堂大学医学部附属順天堂医院小児科の永田智先生（英国にご自分の専門で留学されていた方）が助け船を出してくださいました。永田先生は小児科診察の中で「子ども・思春期のこころと身体の問題」に熱心な関心を持っておられ，この研究会にも多大のサポートをしてくださったのです。先生のご理解とご親切は感謝に堪えません。しばらくは医学部大学院の教室を提供していただくなどお世話になりましたが，その後，先生のご転勤が決まったため，いつまでもご厚意に甘えるわけにもいかず，会場確保も自立することとなりました。箱庭療法（Sandplay Therapy）は元来関西の京都を拠点にして発展しましたので，京都の先生方を講師に依頼することも考え，日帰りが可能な場所として東京国際フォーラムが選ばれ，今日まで続いています。関心をもって参集してくださる専門家が東京とその周辺地区だけでなく，千葉県，埼玉県，神奈川県，時に静岡県，群馬県あたりにまで広域にわたっていたため，東京駅に近い東京国際フォーラムは便利の良い場所でした。

事例を出していただいたたくさんの臨床家の方々，会の開催に尽力してくださったスタッフの方々のご尽力に感謝しています。ケース発表は，原則としてクライエントさんの同意を得，原稿をまとめ，プレゼンテーションのための準備や箱庭の写真をパワーポイントに入れるなど，普段の仕事とは異なる思考や技術の習得も必要であり，色々な面で専門家として鍛えられる良い機会となります。ケースを出していただいた専門家の方々のご貢献を示すために，発表者，ケースのタイトル，コメンテーターのお名前などを逆時系列的にたどり，西暦で表示しました。敬称略。資格肩書記載のない場合はすべて臨床心理士，会場は第6回～15回は東京国際フォーラムガラス棟の小会議室を使用しました。熱心にご参加いただきました専門家の方々に心から御礼申し上げます。

2019.10.5　第15回箱庭療法（Sandplay Therapy）ワークショップ

会場：東京国際フォーラム G-608

「暴力を主訴とした小学生男児の箱庭とセラピー」

野口　浩・ノグチセラピールーム・公立学校スクールカウンセラー

「夢と現実の間で自分の道を模索する統合失調症青年との心理療法」

武石　惇・東京都立多摩総合医療センター

2018.11.3　第14回「箱庭療法（Sandplay Therapy）ワークショップ

会場：東京国際フォーラム　G-507号室

「40代女性　パニック障害の克服と家族の変化」

戸塚悌子・戸塚セラピールーム（ISST，TM）

「いじめにより自殺企図のあった17歳女性」

武石　惇・東京都立多摩総合医療センター

2017.11.3　第13回「箱庭療法（Sandplay Therapy）ワークショップ

会場：東京国際フォーラム　G-403

「身体症状を伴う癇癪の小学女児の母子並行ケース」

渡辺　静・横浜市教育総合センター，野口　浩・横浜市教育総合相談センター

「自身をネコと語り，自傷行為を繰り返していた40代女性との心理面接」

武石　惇・東京都立多摩総合医療センター

2016.11.6　第12回「箱庭療法（Sandplay Therapy）ワークショップ

会場：東京国際フォーラム G-508

「箱庭療法によって支えられた発達障害のある女子大生」

光川利恵・専修大学学生相談室

「初期には神経症・心身症と思われた潜伏性精神病の青年の長期に渡る心理療法――前回報告に続き，その後開業下での発病をどう処遇したか」

戸塚悌子・戸塚セラピールーム（ISST, TM）

コメンテイター：鈴木康広（ユング派分析家，精神科医，ISST，TM）

2015.11.8　第11回「箱庭療法（Sandplay Therapy）ワークショップ

会場：東京国際フォーラム G-608

「初期には赤面恐怖症，強迫神経症，過敏性腸症候群（神経症・心身症）とみられていたが，潜伏性精神病を抱えていた青年。長期にわたる心理療法。ユング派分析家と英国のセラピストからのSVを受けつつ歩んだ心理療法。開業下における発病への対応などについて」

戸塚悌子・戸塚セラピールーム

コメンテイター：鈴木康広（ユング派分析家，精神科医，ISST，TM）

2014.11.2　第10回箱庭療法（Sandplay Therapy）ワークショップ

会場：東京国際フォーラム G-508

「ことばがうまく出ない小学生男児」

平賀千恵・N区学校教育支援センター

「発達障害とは何か――理系大学院生のイメージの質を問う」

川戸　圓・川戸分析プラクシス（ユング派分析家）

2013.11.23　第9回箱庭療法（Sandplay Therapy）ワークショップ

会場：東京国際フォーラム G-608

「初期には不安神経症（パニック障害，不登校，過呼吸，拒食）などに悩み，

10代から精神科にかかる。心理療法を経て一旦快癒，専門学校への入学，卒業，就職，結婚という現実生活を築いた後，心身症に悩まされる。うつ病の心理療法が必要となった30代女性。心理療法が一段進むごとに，さらに深い心の層への働きかけが必要となった事例の報告」

戸塚悌子・戸塚セラピールーム（ISST，TM）

レクチャーとコメント　鈴木康広（ユング派分析家，精神科医，ISST，TM）

レクチャー1「無意識とアクティブ・イマージネーション」

レクチャー2「からだとこころ・全体性の回復など」

2012.11.23　第8回箱庭療法（Sandplay Therapy）ワークショップ

会場：東京国際フォーラム G-608

「箱庭を行いたいと来談された中年女性――箱庭を作りながら自然に現在の葛籐や過去のトラウマに言及し，柔軟，自発的になって行ったプロセス」

鈴木康広・プラクシス鈴木（ユング派分析家，精神科医，ISST，TM）

「気分変調症の中で，霊体験，体調悪化のある女性の理解――語りと箱庭と夢をてがかりに――」

細井八重子・沙羅の会カウンセリングハウス代表

2011.11.23　第7回箱庭療法（Sandplay Therapy）ワークショップ

会場：東京国際フォーラム G-605

「不安の強い小学生の事例」

平賀千恵・練馬区総合教育センター

「箱庭・夢・描画を用いての事例――自傷をもとに始まった心理療法」

角野善宏（ユング派分析家，精神科医）

2010.8.1　第6回　箱庭療法（Sandplay Therapy）ワークショップ

会場：東京国際フォーラム G-505

「出会いと別れ，そして再出発。抑鬱を機に来談した中年女性の箱庭療法におけるイニシエーション過程――女性の自立と宗教性について考える」

鈴木康広（ユング派分析家，精神科医，ISST）

「少女のアイデンティティーの混乱と心身症状（抜毛症 Trichotillomania）とその克服まで――箱庭療法・小児科医との連携関係・母親との往復書簡など」

戸塚悌子・戸塚セラピールーム，ISST

2008.11.23　第5回　ワンデーワークショップ「思春期に兆す摂食障害のゆくえ」

共催：順天堂大学医学部附属順天堂医院小児科と心理療法ケース研究会

会場：順天堂大学医学部9号館2階8番教室
開会挨拶：永田　智　順天堂大学医学部准教授
「大学病院における摂食障害の現状とその対応」
　　飯島　恵（小児科心の外来），李　翼（小児科医）
過食症ケースの箱庭療法（Sandplay Therapy）――原初的トラウマとペルソナ的防衛を超えて」
　　戸塚悌子・戸塚セラピールーム（ISST）
「サンドプレイから見た摂食障害の世界：大学病院における拒食症ケース」
　　井原成男・お茶の水女子大教授

2007.11.23　第4回　ワンデーワークショップ「守りたい　子どものいのちとこころ――児童虐待といろいろな領域における専門家の関わり――」
会場：順天堂大学医学部大学院8号館3番教室
開会挨拶：永田　智（順天堂大学医学部小児科准教授）
「学校で発見される児童虐待　保健室を通して」
　　吉村奏恵（養護教諭）
「小児科における児童虐待の発見と対応」
　　大塚宣一・順天堂大学医学部小児科准教授
「児童相談所――一時保護施設における被虐待児のケア」
　　合田昭子（被虐待児の一時保護施設）
「子どもへの虐待を止められなかった母親へのセラピー――箱庭療法と新しい家族の地平――」
　　細井八重子・沙羅の会カウンセリングハウス

2006.11.3　第3回　ワンデーワークショップ「子どもと遊び――癒しと成長」
会場：順天堂大学医学部大学院9号館2階8番教室
司会：　永田　智（小児科講師）
「いのちの灯とそれを消滅させる力との闘い――側頭葉腫瘍手術後の自閉様症状と箱庭療法（Sandplay Therapy）による回復――」
　　戸塚悌子・戸塚セラピールーム（ISST）
　　コメンテイター：小林隆児（東海大学健康科学部社会福祉学科教授，児童精神科医）
「小児科病棟における子どもの発達と遊び」
　　田中恭子（小児科医，プレイセラピスト）
「子どものプレイ（箱庭を含む）癒しと成長」
　　リース滝幸子（ユング派分析家，ISST）

2005.11.3　第2回　ワンデー・ワークショップ「事例に学ぶ　児童期・思春期のこころとからだ」

会場：順天堂大学医学部大学院3番教室

司会：永田　智　順天堂大学医学部講師

「拒食症児の行動療法」

飯島　恵・順天堂医院小児科助手

「不登校中学生の箱庭療法」

小野けい子・放送大学大学院教授

「学校嫌いの綾子ちゃん――出産時外傷体験からの癒しと個性化のプロセス」

戸塚悌子・戸塚セラピールーム（ISST）

2004.11.3　第1回「箱庭療法（サンドプレイセラピー）」ワークショップ

会場：あんさんぶる荻窪

「更年期女性の箱庭療法」

リース滝幸子（ユング派分析家，ISST）

「上司の機嫌が悪くなると，父の顔に首がすげ変わって見える会社員男性箱庭療法等により，父への恐怖心を克服した男性」

細井八重子・沙羅の会カウンセリングハウス

「心身症状・アトピー・不登校に悩む少年の箱庭療法（と母親支援）」

戸塚悌子・戸塚セラピールーム（ISST）

1997年～2003年までは，戸塚セラピールームを会場とし，8人を限定とする小規模のケース研究会を開催していました。以下はその研究会の内容リストです。2003年からさかのぼり1997年まで全56回の研究会を逆時系列に記載します。臨床経験の長いベテランの心理臨床家･カウンセラーばかりでした。辛抱強く控えめな方が多く，ケースを外に発表されるようなことは考えないというタイプの方ばかりで，毎回の出席を楽しみにしていらっしゃいました。

2003.11.15　第56回　心理療法ケース研究会

「自分を感じるようになりたい30代後半の男性」

逸見登久恵・N会社カウンセラー

2003.10.18　第55回　心理療法ケース研究会

「深い水底より　30-40度の不明熱が続いた少女の回復へのプロセス」

戸塚悌子・戸塚セラピールーム（ISST）

2003.7.19　第54回　心理療法ケース研究会

「イライラすることが多いという主訴で来室した大学１年生」

金子玲子・S 大学学生相談室

2003.5.17　第 53 回　心理療法ケース研究会

「過食を繰り返す 20 代女性の事例」

平賀千恵・G 神経科・心療内科クリニック

2003.4.19　第 52 回　心理療法ケース研究会

「30 代うつ病男性への認知療法——その利点とリミット」

渡辺登志子・EAP 派遣会社代表（米国臨床心理士資格）

2003.3.15　第 51 回　心理療法ケース研究会

「男性恐怖と不眠，抑うつを訴えた 30 代女性」

小滝美智子・T 会社カウンセラー

2003.2.15　第 50 回　心理療法ケース研究会

「ADD/ アスペルガー障害と診断された 11 歳少年——箱庭療法（Sandplay Therapy）による心理療法——」

戸塚悌子・戸塚セラピールーム（ISST）

2002,12.7　第 49 回　心理療法ケース研究会

「過食が止まらない A さんの近況」——その２　負の力が働いている感じがするという A さん

逸見登久恵・N 会社カウンセラー

2002.11.9　第 48 回　心理療法ケース研究会

過食が止まらない A さん」——その１

逸見登久恵・N 会社カウンセラー

2002.10.19　第 47 回　心理療法ケース研究会

「妻に自死された 40 代男性のモーニングワークと夢」

小滝美智子・T 会社カウンセラー

2002.7.20　第 46 回　心理療法ケース研究会

「精神病様の症状を呈する学生相談ケース——初期の対応の仕方についての検討と今後の follow について」

川上智以子・東京慈恵会医科大学精神医学講座精神神経科心理職

2002.5.18　第 45 回　心理療法ケース研究会

「発病して間もない被害妄想のある 30 代男性との面接」——その２

逸見登久恵・N 会社カウンセラー

2002.4.27　第 44 回　心理療法ケース研究会

「死ぬんじゃないかという恐怖がもとにあり，心身症—強迫症状・半ば引き

こもり状態を示した青年――サンドプレイセラピーによる心理療法過程――」

戸塚悌子・戸塚セラピールーム（ISST）

2002.3.16　第43回　心理療法ケース研究会

「発病して間もない被害妄想のある30歳男性との面接」

逸見登久恵・N会社カウンセラー

2002.2.16　第42回　心理療法ケース研究会

「激しい攻撃性の奥にあるものへの関わりを巡って――重いうつ状態と軽そう状態をたどったMさん（37歳男性）」

小滝美智子・T会社カウンセラー

2001.12.22　第41回　心理療法ケース研究会

「『消えてしまいたい』から『生きたい』への変容――うつ病と診断された20代後半女性の心理療法過程」――その2

戸塚悌子・戸塚セラピールーム（ISST）

2001.11.17　第40回　心理療法ケース研究会

「二度の大量服薬をした20代女性のケース（うつ病）」

逸見登久恵・N会社カウンセラー

2001.10.27　第39回　心理療法ケース研究会

夢を通して内的過程の変容と臨床象の変化を考える」（38歳男性）

逸見登久恵・N会社カウンセラー

2001.7.21　第38回　心理療法ケース研究会

「見知らぬ知人との旅」－その2（39歳男性・うつ病のケース）

小滝美智子・T会社カウンセラー

2001.6.16　第37回　心理療法ケース研究会

「精神的消耗を意識することができた30代心身症のケース」

逸見登久恵・N会社カウンセラー

2001.4.21　第36回　心理療法ケース研究会

「吐き気，のどの変調を訴えて毎日遅れて登校する小学6年生男子」

戸塚悌子・戸塚セラピールーム（ISST）

2001.3.17　第35回　心理療法ケース研究会

「ブリーフセラピーにより，9回にて終結した不登校の一例（高三女子）ソリューション・フォーカスト・アプローチ（SFA）を中心に」

清水智子・Sカウンセリングオフィス，I心療内科

2001.2.17　第34回　心理療法ケース研究会

「自分の中に2–3人の人がいて感情のコントロールができないと訴える女性

（30代半ば）との面接過程」（パニック障害と過食の傾向に悩む女性）
小滝美智子・T会社カウンセラー

2001.1.20　第33回　心理療法ケース研究会
研究会の日程が「第8回慈恵会医科大学病院心理臨床の集い　精神療法研究」と重複し，発表者が，当研究会メンバーでもあるため，「心理臨床の集い」の同意を得てそちらの研究会への出席をもって，当研究会への出席と認めることにした。
「適応障害の男性に対するPsychologicalなアプローチについて――夢，Sandplayを介した内的体験過程とその臨床像の変化」
川上智以子・東京慈恵会医科大学精神医学講座精神神経科心理職
指定討論：牛島定信先生（東京慈恵会医科大学精神医学講座精神神経科教授）
小野和哉先生（東京慈恵会医科大学精神医学講座精神神経科医）

2000.12.16　第32回　心理療法ケース研究会
「過食嘔吐が止まないAさん」
逸見登久恵・N会社カウンセラー

2000.11.18　第31回　心理療法ケース研究会
感じが分からない，能力がないといいはるAさん――職場での挫折を契機に妄想状態を経て抑うつ状態に移行した30代女性――」
逸見登久恵・N会社カウンセラー

2000.10.28　第30回　心理療法ケース研究会
「流産をきっかけにうつ状態となり，休職し心療内科に通っている20代半ば過ぎの女性――夢を主体とした心理療法――」
戸塚悌子・戸塚セラピールーム（ISST）

2000.7.22　第29回　心理療法ケース研究会
「のどが詰まる，苦しい，自分が無いなどの訴えをもって来院した女子大生のケース――その複雑な家族背景と世代間葛藤の問題――」
川上智以子・東京慈恵会医科大学精神医学講座精神神経科心理職
英国サンドプレイ学会（BISS）カンファレンス参加報告
戸塚悌子・戸塚セラピールーム（ISST）

2000.6.17　第28回　心理療法ケース研究会
「感じがわからないKさん（30代女性）のケース」
逸見登久恵・N会社カウンセラー

2000.5.27　第27回　心理療法ケース研究会
「父親の死・兄の自殺を引き金に心理的不適応を起こしている女子学生（PTSD）のケース——心理治療への導入の問題——」
川上智以子・東京慈恵会医科大学精神医学講座精神神経科心理職
2000.4.15　第26回　心理療法ケース研究会
「死が怖いと訴えるパニック障害の女性の心理療法過程——摂食障害・閉所恐怖を伴う女性との関わりを通して——」
小滝美智子・T会社カウンセラー
（第25回の記録不記載）
2000.2.19　第24回心理療法ケース研究会
「無断欠勤，遁走，うつ状態を繰り返す中年男性の心理療法——マンダラ様の絵を描いて——」
小滝美智子・T会社カウンセラー
2000.1.8　第23回　心理療法ケース研究会
「英国における家族療法／システム的アプローチの動向について・思春期拒食症の家族療法14歳少女のケース」
戸塚陽子・ロンドン日本心理プラクティス　資格・英国カウンセリング協会認定カウンセラー・チャータードカウンセリングサイコロジスト・家族療法修士（精神医学研究所・ロンドン大学）
1999.12.18　第22回　心理療法ケース研究会
「臨死体験様の夢を見た事例——注察妄想のある40代女性——」
上田知子・こころの相談室
1999.11.27　第21回　心理療法ケース研究会
「職場不適応で，うつ状態に陥ったソフトエンジニアの夢日記について——そのvisualに変容する夢の世界——その2」
川上智以子・東京慈恵会医科大学精神医学講座精神神経科心理職
1999.10.23　第20回　心理療法ケース研究会
「職場不適応で，うつ状態に陥ったソフトエンジニアの夢日記について——そのvisualに変容する夢の世界——その1」
川上智以子・東京慈恵会医科大学精神医学講座精神神経科心理職
国際箱庭療法学会の報告（スイスでの学会）国際箱庭療法学会の成りたちと日本の関係
戸塚悌子・戸塚セラピールーム（ISST）
1999.7.31　第19回　心理療法ケース研究会

「見知らぬ他人との旅(夢を中心とした心理療法)――うつと身体症状を伴い，出社拒否に陥った37歳男性――」

小滝美智子・T会社カウンセラー

1999.6.26　第18回　心理療法ケース研究会

「過敏性腸症候群の6歳男子の箱庭」

上田知子・心の相談室カウンセラー

1999.5.22　第17回　心理療法ケース研究会

「Finger Paintingを用いた精神分裂病の治療過程――自己を取り戻すまで」

川上智以子・東京慈恵会医科大学精神医学講座精神神経科心理職

1999.4.17　第16回　心理療法ケース研究会

「セクシュアル・ハラスメントな生育環境と女性のアイデンティティーの混乱――在英日本女性の2つの臨床例が示す，生育後の男性観・結婚観・人間関係に及ぼす影響――」

戸塚悌子・戸塚セラピールーム（ISST）

1999.3.27　第15回　心理療法ケース研究会

「人の言いなりになりやすい女性（31歳会社員）のケース」

逸見登久恵・N会社カウンセラー

1999.2.27　第14回　心理療法ケース研究会

「会社を辞めた後悔の渦中にいる男性（29歳）のケース」

逸見敏郎・P心理相談室

1999.1.23　第13回　心理療法ケース研究会

「生命の神秘」スウェーデンで制作されたビデオを視聴。これは英国タビストッククリニックの出身のステラ博士が「親子クリニック」の教育にも用いているフィルムでもある。「人間はどこまで動物か」「遺伝子は人間にとって運命的なものか」「遺伝と環境の関係」「意識はどこから生まれるのか」等々，人間理解と心理療法の原点について，考えてみたい。

1998.12.5　第12回　心理療法ケース研究会

「殻を作りたい女性――20代前半の女性の症例」

逸見登久恵・N会社カウンセラー

1998.11.7　第11回　心理療法ケース研究会

「閉じた円環の世界から人の世界へ――人の中にいるだけで傷を負っていくと感じ続けた青年」

小滝美智子・T会社カウンセラー

1998.10.3　第10回　心理療法ケース研究会

「娘から女へ——ある既婚女性の夢」（一時，家庭内暴力のあった中三の長男と爪かみのある小 5 の長女を抱えて

上田知子・J 研究所

1998.7.11　第 9 回　心理療法ケース研究会

「厚い壁に囲まれて息ができない等のイメージ等に悩まされ，仕事を辞めて人生の転機をつかむため渡英した女性への Sandplay Therapy による援助過程」

戸塚悌子・戸塚セラピールーム（ISST）

1998.6.13　第 8 回　心理療法ケース研究会

「人間関係に困難を感じる男子大学生との面接」

逸見敏郎・M 大学学生相談室

1998.5.1　第 7 回　心理療法ケース研究会

「睡眠障害とアトピーに悩み，人生に踏み出せない 25 歳男性の箱庭療法事例」

川上智以子・東京慈恵会医科大学精神医学講座精神神経科心理職

1998.4.4　第 6 回　心理療法ケース研究会

「私の身体は容れもので，私はその中をカラカラと転がる塊に過ぎないという自己感を訴えた症例——解離性人格障害に苦しむ 30 代女性との Sandplay Therapy による統合へのプロセス」

戸塚悌子・戸塚セラピールーム（ISST）

1998.3.7　第 5 回　心理療法ケース研究会

「5 歳男児のプレイと箱庭——同年齢の子と遊べず，チックのある幼稚園児の症例——」

上田知子・J 研究所

1998.1.31　第 4 回　心理療法ケース研究会

「心身の不調（十二指腸潰瘍，嘔吐，下痢，過呼吸，頭痛，不眠，うつ状態）を訴え欠勤の多い 32 歳女性の心理療法」

小滝美智子・T 会社カウンセラー

1997.11.29　第 3 回　心理療法ケース研究会

「友達と遊べない 5 歳の女児——母の緊急入院，仮死にて出産し，1 か月の入院加療を受けた子どもの Sandplay Therapy 経過」

戸塚悌子・戸塚セラピールーム（ISST）

1997.10.10　第 2 回　心理療法ケース研究会

「人格障害を疑われる 35 歳の男性」

小滝美智子・T 会社カウンセラー

1997.7.5　第 1 回　心理療法ケース研究会
「摂食障害のクライエントの心理療法」
逸見登久恵・N 会社カウンセラー

（以上）

索　引

事項索引

人名索引

執筆者紹介

鈴木康広

1963年生まれ。京都大学医学部医学科卒業。3年間の内科研修を経て，8年間吉田病院精神科に勤務。京都大学医学部研究生（精神医学）を経て，スイスのユング研究所に5年4か月留学。2008年ユング派分析家資格を取得。鈴木クリニック院長を経て現在，プラクシス鈴木を主宰。2009年より佛教大学勤務。

著書：

『個性化プロセスとユング派教育分析の実際』（遠見書房，2018）

『宗教と心理学――宗教的啓示と心理学的洞察の対話』（創元社，2011）（自費出版）

論文：

「ユング心理学からみた内観」『内観研究』，第26巻，第1号，pp. 77-85，2020.

「ユング心理学と宗教」『佛教大学臨床心理学研究紀要』，第23号，pp. 59-66，2017.

「心理療法における宗教性について」教育学博士論文，佛教大学，2013.

「Japanese ways of Psychotherapy」『佛教大学教育学部論集』，第22号，pp. 35-48，2011.

「The Inner Beauty of a Japanese Female, A Sandplay Therapy Case」*Journal of Sandplay Therapy*, Vol. 19, No. 2, pp. 101-107，2010.

所属学会：

日本ユング派分析家協会（AJAJ），国際ユング心理学会（IAAP），AGAP，日本ユング心理学会（JAJP），日本箱庭療法学会（JAST），国際箱庭療法学会（ISST），日本国際箱庭療法士学会，日本内観学会，日本精神神経学会，日本心理臨床学会，日本臨床心理士会，京都府臨床心理士会，いずれも正会員。

資格：

ユング派分析家，国際箱庭療法学会ティーチングメンバー，臨床心理士，公認心理師，精神科医

武石　惇

1988年生まれ。立教大学現代心理学部臨床心理学専攻修士課程修了。東京都立多摩総合医療センター医療相談室勤務。

所属学会：

日本心理臨床学会，日本カウンセリング学会

資格：

臨床心理士，公認心理師

戸塚悌子

1942年生まれ。 立教大学大学院心理学専攻修士課程修了。国立精神衛生センターにて2年間研修。立教大学社会福祉研究所相談室主任，香蘭女学校短大心理学非常勤講師を務める。順天堂大学医学部附属順天堂医院医療相談室カウンセラーとして通算15年勤務。その間，国立大蔵病院看護助産学校非常勤講師，大森日赤病院婦長会のアドバイザーなどを勤める。精神分析国際学会員から教育分析を3年受ける。その後，国際サンドプレイ学会英国支部にて5年間サンドプレイのトレーニングを受ける。英国資格，国際資格を取得。英国では「在英精神保健関係者の会」事務局。英国ニュースダイジェスト社のコラムニストとして「サイコセラピー手帳」を4年間連載。帰国して「戸塚セラピールーム」を開設。「心理療法ケース研究会」主宰。東京女子医科大学大看護学部学生相談室勤務。立教大学現代心理学部大学院心理臨床学講座ゲスト・スピーカー（2012-）。

著書：

『いちばんの子――挫折と回復』（亜紀書房，1989）

「母性としての人間」『20世紀人の心理学』共著　早坂泰次郎（編）所収（pp. 40-66，朝倉書店，1971）

「女性と専門職」『精神衛生』系統看護学講座別巻2所収（pp. 145-154，医学書院，1971）

「世代論：歪められた人間の理解」共著　早坂泰次郎（編）（日本YMCA同盟出版部，1967）

論文：

「あるセラピストのパーソナル・プロセス――解離性障害を持ったクライエントとの行き詰まりを契機として――」立教大学臨床心理研究，第6号，pp. 31-43，2012.

「心理専門家のトレーニングと箱庭療法（Sandplay Therapy）」立教大学臨床心理学研究，第5号，pp. 27-33,

2011.
"THE HEALING OF ANXIETY――A SANDPLAY CASE STUDY OF A 36 YEAR OLD WOMAN" submitted to the International Society of Sandplay Therapy (ISST) as fulfillment of the requirement for membership, 1996.
「思春期やせ症で内科に入院したA子――医療スタッフの協力関係と心理療法――」家族心理学研究，第2巻，第1号，pp. 31-45，1988.
「児童の問題行動」『対人関係としての親子関係』所収（立教大学社会福祉研究所，1988）
「境界例（心性を持つ）と思われる子どもの人格構造と家族関係（ジル・ド・ラ・トゥーレ症候群男児と拒食症女児の心理療法）」『家族カウンセリングの実際　家族心理学会年報3』所収（pp. 219-240，金子書房，1986）
「子どもからの訴え――心身症状を伴い不登校状態となった中学生の二例から」教育相談研究，第42号（実務教育出版，pp. 26-28，1986）
「神経性食思不振症（狭義の）一例――治療経過及び症状の背景について」戸塚悌子・山田和夫　児童青年精神医学とその近接領域，第24巻，第5号，pp. 364-377，1983.

所属学会：

日本心理臨床学会（名誉会員），日本箱庭療法学会，国際箱庭療法学会（ISST），日本国際箱庭療法士学会，日本ユング心理学会，東京公認心理師会，いずれも正会員，STA（Sandplay Therapist of America）アソシエイトメンバー

資格：

臨床心理士，国際箱庭療法学会（ISST）ティーチングメンバー

光川利恵

1969年生まれ　専修大学文学研究科心理学専攻修士課程修了
精神科病院，看護学院講師，スクールカウンセラー，複数の大学学生相談室カウンセラーを経て，現在専修大学学生相談室カウンセラー

資格：

臨床心理士，公認心理士，大学カウンセラー

所属学会：

日本心理臨床学会，日本箱庭療法学会，日本学生相談学会，いずれも正会員

砂の癒し・イメージ表現の力
トラウマ，発達障害，ADHDをもつクライエントとの箱庭療法

2021年2月20日　初版第1刷発行　　定価はカヴァーに表示してあります

監修者　鈴木康広
著　者　鈴木康広
　　　　戸塚悌子
　　　　武石　惇
　　　　光川利恵
発行者　中西　良
発行所　株式会社ナカニシヤ出版
〒606-8161　京都市左京区一乗寺木ノ本町15番地
Telephone 075-723-0111
Facsimile 075-723-0095
Website http://www.nakanishiya.co.jp/
Email iihon-ippai@nakanishiya.co.jp
郵便振替　01030-0-13128

装幀＝白沢　正／印刷・製本＝ファインワークス

Printed in Japan
ISBN978-4-7795-1519-4 C3011